만화
**행복의 시작,
예수 그리스도**

만화
행복의 시작, 예수 그리스도

ⓒ 생명의말씀사 2023

2023년 12월 26일 1판 1쇄 발행
2024년 3월 12일   2쇄 발행

펴낸이 ㅣ 김창영
펴낸곳 ㅣ 생명의말씀사

등록 ㅣ 1962. 1. 10. No.300-1962-1
주소 ㅣ 서울시 종로구 경희궁1길 6 (03176)
전화 ㅣ 02)738-6555(본사) · 02)3159-7979(영업)
팩스 ㅣ 02)739-3824(본사) · 080-022-8585(영업)

원작 ㅣ 조현삼
글 · 그림 ㅣ 크레마인드

기획편집 ㅣ 정설아
디자인 ㅣ 최종혜
인쇄 ㅣ 영진문원
제본 ㅣ 보경문화사

ISBN 978-89-04-16861-3 (03230)

저작권자의 허락 없이 이 책의 일부 또는 전체를
무단 복제, 전재, 발췌하면 저작권법에 의해 처벌을 받습니다.

THE HAPPY LIFE IN JESUS

만화 행복의 시작, 예수 그리스도

원작 조현삼 글·그림 크레마인드 생명의말씀사

들어가는 글

『행복의 시작, 예수 그리스도』는 전도서입니다. 지난 30여 년간 다양한 전도지를 만들었는데, 그것이 전도서 『행복의 시작, 예수 그리스도』로 이어졌습니다.

책 이름 『행복의 시작, 예수 그리스도』는 실은 아주 오래된 전도 카피입니다. 우리 교회 이윤정 전도사님과 제가 함께 만든 전도 카피입니다. 2001년 9월 25일 제가 담임하는 서울광염교회에서 조선일보에 전도 광고를 전면으로 실었는데, 그때도 이 카피를 사용했습니다. 세월이 지나 어느 날 이것이 전도서 이름이 되었습니다.

『행복의 시작, 예수 그리스도』는 아직 믿음이 없는 전도 대상자들을 위해 쓴 책입니다. 그들을 향해 이야기를 건네는 심정으로 썼습니다. 읽기만 해도 전도가 되는 책을 만들고 싶었던 저의 오랜 소원이 담긴 책입니다. 이 책은 성경을 통해 독자들에게 구원의 길을 안내합니다. 이 책의 중심은 예수님이고 핵심은 구원입니다.

『행복의 시작, 예수 그리스도』가 출간된 후에 믿음이 있는 분들이 이 책에 관심을 갖는 것을 보고 살짝 놀랐습니다. 아직 믿음이 없는 분들을 위해 쓴 책인데, 이미 믿는 분들도 이 책을 읽고 구원의 확신을 얻었다는 반응을 보여 보람이 컸습니다.

인생이 내가 계획한 대로 되지 않는 것처럼 책 역시 그런 것 같습니다. 책도 인생과 마찬가지인 것 같습니다. 제가 책을 쓸 때 했던 생각을 넘어 하나님은 책을 사용하십니다. 『행복의 시작, 예수 그리스도』를 통해서도 같은 경험을 하고 있습니다.

출판사를 통해 『행복의 시작, 예수 그리스도』를 만화로 출판하고 싶어 하는 분이 있다는 이야기를 전해 듣고 또 살짝 놀랐습니다. 이미 여러 책을 만화로 그려 세상에 내놓은 크레마인드가 이 일을 하고 싶다고 해서, 저보다 훨씬 큰 생각을 갖고 계신 주님의 일하심이 느껴졌습니다. 크레마인드 김태호 작가님을 만나 이야기를 나눈 후에는 기대가 생겼습니다. 초고를 받아 읽으면서 '아, 이럴 수도 있구나!' 하며 감동했습니다.

만화라는 방식을 통해 『행복의 시작, 예수 그리스도』는 더욱 그 의미가 분명해지고 지경이 넓어졌습니다. 만화는 쉽다. 이것은 익히 알고 있었습니다. 이뿐 아니라 만화는 확장성이 크네요. 『만화 행복의 시작, 예수 그리스도』가 나온다는 소식이 처음 책을 낼 때처럼 저를 설레게 합니다. 하나님이 이 책을 통해 어떤 일을 어떻게 이루실지 기대가 큽니다.

전도서나 교리서는 기본적으로 딱딱하다고 생각합니다. 그런데 크레마인드는 주로 그런 책들을 사람들이 쉽게 읽을 수 있도록 만화로 만들어 세상에 내놓고 있습니다. 이 지면을 빌어 크레마인드에 고맙다는 말을 전하고 싶습니다. 이 귀한 사역을 하나님이 기억해 주시고, 앞으로도 더 많은 좋은 책들을 세상에 널리 알리는 통로로 사용해 주시길 소망합니다.

이 책을 읽는 모든 분에게 진정한 행복이 시작되길 소원합니다. 사랑합니다.

2023년 12월
조현삼 목사

차례

들어가는 글   4

1. 누구나 인생의 짐이 있습니다 9

2. 하나님이 온 우주 만물을 창조하셨습니다 29

3. 예수님은 태초부터 계셨습니다 59

4. 당신은 구원이 필요한 사람입니다 79

5. 이것이 예수님을 믿는 당신의 인생입니다 111

6	**예수님이 승천하셨습니다** 153
7	**예수님이 성령을 보내 주셨습니다** 161
8	**예수님이 교회를 세워 주셨습니다** 185
9	**예수님은 다시 오십니다** 201

THE HAPPY LIFE
IN JESUS

일러두기
가독성을 위해 본문에 인용된 성경의 장절 표시는 생략했습니다.
출처가 궁금하신 분들은 인터넷 검색 등을 이용하시길 바랍니다.

1

누구나 인생의 짐이 있습니다

우리 주변에는 인생의 짐이 너무 무거워 힘들어하는 사람들이 많이 있습니다.
아이는 아이대로, 어른은 어른대로 저마다 지고 가는 짐이 있습니다.

어떤 사람은 외적으로 보이는 짐을 지고 삽니다. 어떤 사람은 마음속에 짐을 지고 삽니다.

외적인 짐은 사람들 눈에 보이기라도 하지만 마음속의 짐은 사람들 눈에 보이지 않습니다. 그래서 안으로 짐을 지고 살아가는 사람들은 더 힘든지 모릅니다.

어떤 사람은 사람이 힘이라는데, 어떤 사람에게는 사람이 짐입니다.
때로는 가족이 짐입니다. 어떤 사람에게는 자식이,
어떤 사람에게는 부모가 짐입니다.

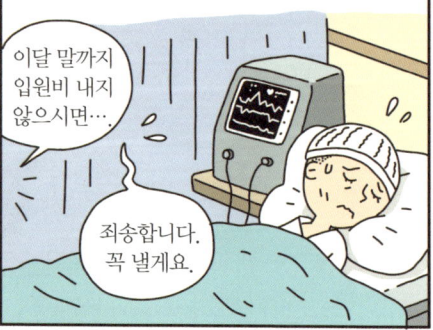

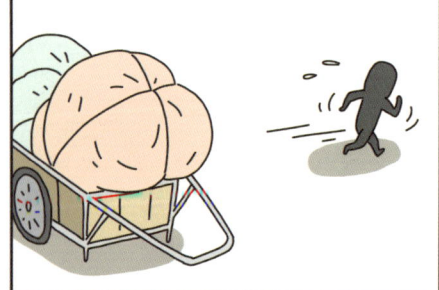

이 세상에서의 삶이 전부라면 혹 그것이 이생에서 짐을 벗는 최후의 방법이라고 생각할 수 있습니다.

그러나 인생은 이생으로 끝나지 않습니다. 죽음 후에는 또 다른 세상, 또 다른 삶이 있습니다.

이생의 짐을 벗었다고 하는 순간 그는 더 큰 짐을 지게 됩니다. 또한 그가 벗어 놓고 간 짐은 이 땅에 남은 사람들의 몫이 됩니다.

어린 자녀들이 그 짐을 져야 합니다.
늙은 부모가 그 짐을 져야 합니다.

스스로 목숨을 끊는 것은 결코 짐을 벗는 길이 아닙니다!

1. 누구나 인생의 짐이 있습니다

우리를 지으신 하나님은 우리가 수고하고 무거운 짐을 지고 있는 것을 아십니다. 하나님은 우리를 사랑하십니다. 그래서 하나님은 우리를 위해 예수님을 보내 주셨습니다.

그 예수님이 우리를 부르십니다.
"수고하고 무거운 짐 진 자들아 다 내게로 오라 내가 너희를 쉬게 하리라."

짐 중에는 예수님께 가면 즉시 사라지는 짐이 있습니다. 그중 하나가 죄의 짐입니다.

많은 사람이 자신이 지은 죄 때문에 죄책감과 죄의식에 시달리고 있습니다.

평생을 속죄하는 마음으로 살겠다며 웃지도 않고 자기 자신을 괴롭히는 사람들도 있습니다.

예수님께 가야 합니다. 예수님께 가서 "나는 죄인입니다. 내 죄를 용서해 주세요." 하고 회개하는 순간,

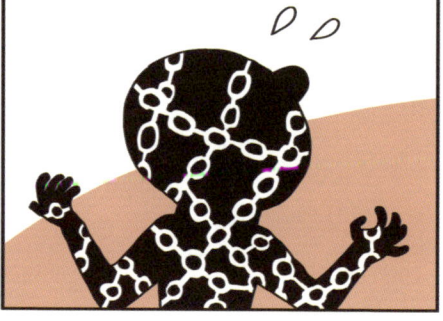

아무리 큰 죄의 짐이라고 할지라도 즉시 그 짐이 벗겨집니다.

그러나 이렇게 한다고 해도 결코 죄의 짐을 벗을 수 없습니다.

그렇다면 이런 짐을 진 사람에게 "수고하고 무거운 짐 진 자들아 다 내게로 오라 내가 너희를 쉬게 하리라"는 예수님의 말씀은 어떤 의미가 있습니까?

예수님은 수고하고 무거운 짐 진 사람을 부르시면서 이렇게 말씀하십니다.

나는 마음이 온유하고 겸손하니 나의 멍에를 메고 내게 배우라.

여기서 우리가 주목할 말씀은 "내게 배우라"입니다.

예수님께 가서 예수님께 배워야 합니다.

한 달을 배우고, 6개월을 배우고, 1년을 배우고, 2년을 배우고,

3년을 배우고, 계속 배워야 합니다.

이렇게 배우다 보면 자신이 얼마나 잘못 살았는지, 아내에게 얼마나 큰 잘못을 했는지 알게 됩니다.

오, 하나님! 저는 정말 나쁜 사람입니다.

1. 누구나 인생의 짐이 있습니다

그 후에도 계속 예수님께 배우다 보면 집을 나간 자녀들이 돌아옵니다.

"저희가 잘못했어요."

"많이 힘들었지?"

"미안하다. 마음고생 많았지?"

이렇게 10년을 배우면 어느 날 그들의 과거를 알지 못하는 사람들이 행복한 가정생활의 비결을 물으러 옵니다.

"예수님께 나아가면 짐이 이렇게 점진적으로 사라지는 경우도 있습니다."

그런데 예수님께 가도 그 짐이 평생 그대로인 경우도 있습니다.

혹 장애가 있는 사람이나, 장애가 있는 자녀를 둔 부모 중에 그것을 큰 짐으로 느끼며 사는 사람이 있을 수 있습니다.

"옳지, 그래. 흘리지 말고."

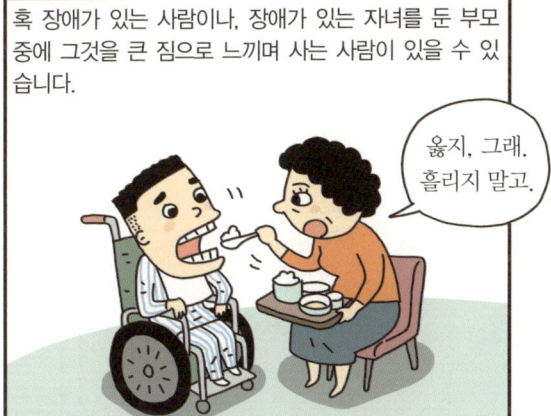

1. 누구나 인생의 짐이 있습니다

이 사람이 예수님께 나아가면 즉시 짐이 사라집니까? 장애가 있는 아이의 장애가 사라집니까?

물론 그런 경우도 있지만 일반적으로는 예수님께로 나아가도 여전합니다.

그럼 예수님께 5년을 배우고 10년을 배우면 그 장애가 사라집니까?

그렇다면 수고하고 무거운 짐을 진 이 사람에게 예수님이 주시는 쉼은 무엇일까요?

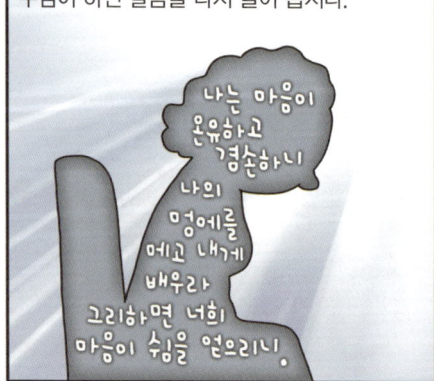

수고하고 무거운 짐을 진 자들을 부르시며 예수님이 하신 말씀을 다시 들어 봅시다.

나는 마음이 온유하고 겸손하니 나의 멍에를 메고 내게 배우라 그리하면 너희 마음이 쉼을 얻으리니.

여기서 주목하고자 하는 것은 '나의 멍에를 메고'입니다. 나의 멍에는 곧 예수님의 멍에입니다.

'나의 멍에를 메고'

우리는 예수님이 수고하고 무거운 짐을 진 사람을 부르셨으니 당연히 그 짐을 내려놓고 쉬라고 하실 것이라고 생각합니다.

그런데 예수님은 수고하고 무거운 짐을 진 사람에게 그분의 멍에를 메라고 하십니다. 그러면 쉼을 얻을 것이라고 말씀하십니다.

무거운 짐을 지고 있는 상태에서 멍에까지 메면 한층 더 힘들어지는 것 아닌가? 우리는 이렇게 생각할 수 있습니다.

쟁기나 수레를 끌기 위해 소나 나귀 등의 목에 가로 얹는 막대가 멍에입니다. 대개 멍에는 두 마리의 동물을 한 짝으로 묶어 일을 시킬 때 사용합니다.

예수님의 멍에를 멘다는 것은 예수님과 짝이 된다는 것입니다.

예수님의 멍에를 메면 혼자 끌던 수레를 예수님과 함께 끌게 됩니다. 혼자 갈던 밭을 예수님과 함께 갈게 됩니다.

혼자 지던 짐을 예수님과 함께 지게 됩니다. 그분은 힘이 세십니다. 그분은 전능하신 하나님입니다.

우리는 그저 그분의 멍에를 메고 그분이 하라는 대로 하면서 따라가기만 하면 됩니다.

여전히 수고하고 무거운 짐을 지고 살지만 삶이 고통스럽거나 괴롭지 않습니다.

가볍고, 즐겁고, 신이 납니다. 이 삶의 비밀을 예수님은 "내 멍에는 쉽고 내 짐은 가볍다"고 설명해 주셨습니다.

태어나면서부터 장애를 지닌 한 아이가 있습니다. 이 아이는 혼자 걷지도, 앉지도 못합니다. 스무 살이 되었는데도 여전히 여섯 살 짜리 아이 수준입니다.

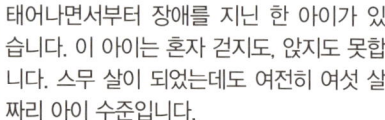

그 부모에게 이 아이는 큰 짐이었습니다. 처음에는 사람들에게 아이를 보이지 않았습니다. 집에 손님이 오면 이 아이는 방에 혼자 있어야 했죠.

아드님은 잘 있죠?

아, 네. 지금 자고 있어요.

이분들이 예수님께 나아가 예수님의 멍에를 메었습니다. 그 후 놀라운 일이 일어났습니다.

아들은 여전히 그 상태입니다. 그런데 부모의 입에서 놀라운 고백이 나왔습니다.

사람들 앞에서 자랑스럽게 아들을 소개하기 시작했습니다. 예수님의 멍에를 멘 후에 그 아들은 그들에게 더는 짐이 아니었습니다.

이렇게 특수한 경우는 아닐지라도 예수님을 믿는 사람들에게는 다 이런 간증이 있습니다. 전에는 고통스러웠던 일이 이제는 즐겁다고 고백하죠.

직장 생활, 사업, 자녀 교육, 가장, 공부, 목회, 통치….
어떤 사람은 이것을 짐이라고 하고, 어떤 사람은 이것을 날개라고 합니다.
이것은 혼자 그 짐을 지고 있는 사람과
주님과 함께 그 짐을 지고 가는 사람의 차이입니다.

1. 누구나 인생의 짐이 있습니다

보잘것없는 돌덩이도
누가 손대느냐에 따라 작품이 되기도 합니다.

당신은 하나님의 작품입니다.

THE HAPPY LIFE
IN JESUS

2

하나님이 온 우주 만물을 창조하셨습니다

하나님은 우리 인생의 모든 것과 인류의 모든 것과 세상의 모든 것을 다 아십니다.

하나님은 모든 것을 다 하실 수 있는 분입니다.
하나님은 전능하신 분입니다.

하나님은 이 세상 어디에도 다 계십니다. 하나님은 천지에 충만하신 분입니다. 하나님은 이 세상을 창조하시기 전부터 스스로 존재하셨고,

앞으로도 영원히 존재하실 영원하신 분입니다.

하나님이 사람을 창조하셨습니다

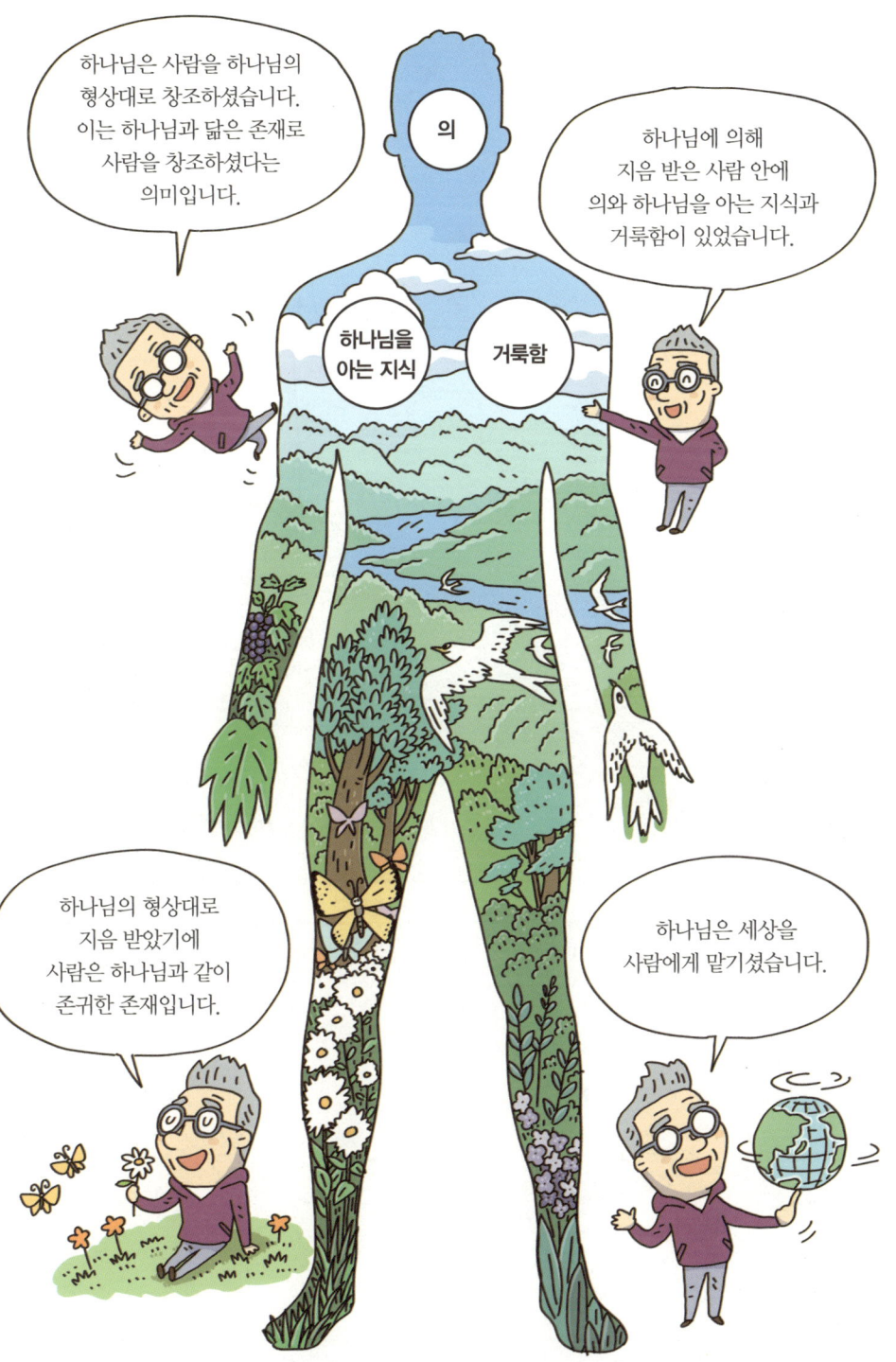

말로 세상을 창조하신 하나님이 사람에게 말을 주시고 세상을 통치하라고 하셨습니다.

"생육하고 번성하여 땅에 충만하라, 땅을 정복하라, 바다의 물고기와 하늘의 새와 땅에 움직이는 모든 생물을 다스리라"고 하셨죠.

하나님이 사람에게 주신 말 속에는 세상을 통치할 수 있는 창조적인 힘이 있었습니다.

하나님이 창조하신 사람은 완전했습니다. 온전했습니다. 착하고 의롭고 진실했습니다.

그 안에 사랑과 희락과 화평과 오래 참음과 자비와 양선과 충성과 온유와 절제가 있었습니다. 하나님이 보시기에 정말 좋았습니다.

사람이 죄를 지음으로 타락했습니다

하나님이 아담과 하와에게 먹을 것을 아주 풍성하게 주셨고 마음껏 먹으라고 하셨습니다.

다만 에덴동산 중앙에 있는 '선악을 알게 하는 나무의 열매'는 먹지 말라고 하셨습니다.

먹는 날에는 반드시 죽으리라고 하셨습니다.

안타깝게도 뱀의 유혹을 받은 하와가 그만 그 선악과를 따 먹고 아담에게도 주었습니다.

하나님의 말씀에 불순종한 것입니다. 이것이 죄입니다.

이로 말미암아 사람이 죄인이 되었습니다. 죄를 지은 모두에게 형벌이 임했습니다.

선악과를 따 먹도록 유혹한 뱀과 그 유혹에 넘어가 선악과를 따 먹은 하와, 그리고 하와가 준 선악과를 받아먹은 아담, 모두에게 형벌이 임했습니다.

하와는 뱀 때문에 선악과를 먹었다고 뱀 핑계를 댔고, 아담은 하나님이 주신 여자가 주었기 때문에 먹었다고 하와 핑계를 댔습니다.

하지만 모두 죄의 형벌을 피할 수는 없었습니다.

하나님이 뱀에게 형벌을 주셨습니다.

"네가 이렇게 하였으니 네가 모든 가축과
들의 모든 짐승보다 더욱 저주를 받아
배로 다니고 살아 있는 동안 흙을 먹을지니라
내가 너로 여자와 원수가 되게 하고
네 후손도 여자의 후손과 원수가 되게 하리니
여자의 후손은 네 머리를 상하게 할 것이요
너는 그의 발꿈치를 상하게 할 것이니라."

하나님이 여자에게 형벌을 주셨습니다.

"내가 네게 임신하는 고통을
크게 더하리니 네가 수고하고
자식을 낳을 것이며
너는 남편을 원하고
남편은 너를 다스릴 것이니라."

하나님이 아담에게 형벌을 주셨습니다.

"네가 네 아내의 말을 듣고 내가 네게 먹지 말라 한
나무의 열매를 먹었은즉 땅은 너로 말미암아 저주를 받고
너는 네 평생에 수고하여야 그 소산을 먹으리라
땅이 네게 가시덤불과 엉겅퀴를 낼 것이라
네가 먹을 것은 밭의 채소인즉 네가 흙으로
돌아갈 때까지 얼굴에 땀을 흘려야 먹을 것을 먹으리니
네가 그것에서 취함을 입었음이라
너는 흙이니 흙으로 돌아갈 것이니라."

"그들의 목구멍은 열린 무덤이요
그 혀로는 속임을 일삼으며
그 입술에는 독사의 독이 있고
그 입에는 저주와 악독이 가득하고
그 발은 피 흘리는 데 빠른지라."

"파멸과 고생이 그 길에 있어
평강의 길을 알지 못하였고
그들의 눈앞에 하나님을 두려워함이
없느니라 함과 같으니라."

죄를 지은 사람에게 저주가 임했습니다.
성경은 "마음이 여호와에게서 떠난 그 사람은
저주를 받을 것이라"고 기록하고 있습니다.

저주는 죄를 표적으로 쏟아집니다. 죄가 있는 곳에 저주가 임합니다.

저주를 받은 사람의 인생은 사막의 떨기나무 같아서 좋은 일이 오는 것을 보지 못합니다. 저주에는 재앙이 따릅니다.

하나님이 사람에게 주신 말 안에는 창조적인 능력이 있었습니다. 그러나 사람이 타락하면서 사람의 언어도 타락했습니다. 창조적인 능력이 파괴적인 능력으로 변질되었습니다.

사람을 살리는 말이 죽이는 말로,

흥하게 하는 말이 망하게 하는 말로,

치료하는 말이 병들게 하는 말로,

사람을 행복하게 하는 말이 사람을 불행하게 하는 말로 타락했습니다.

사람이 죄를 범함으로 타락했습니다. 전적으로 타락했습니다.

이 말의 의미는 스스로 자신의 죄 문제를 해결할 수 없는 존재가 되었고, 스스로 천국에 갈 수 없는 존재가 되었다는 것입니다.

죄를 범한 사람은 그 죄 가운데서 살다 죄 가운데서 죽어 지옥에 떨어져야 하는 비참한 존재가 되었습니다.

아담과 그 아내가 지은 죄는 사람을 타고 계속 흘러 우리에게까지 왔습니다.

이것을 원죄라고 합니다. 이스라엘의 왕인 다윗은 이렇게 고백했습니다.

"내가 죄악 중에서 출생하였음이여 어머니가 죄 중에서 나를 잉태하였나이다."

2. 하나님이 온 우주 만물을 창조하셨습니다

사람이 죄를 지음으로 죽게 되었습니다

사람이 원래 죽는 존재로 창조된 것은 아닙니다. 죄로 말미암아 사람이 죽게 된 것입니다.

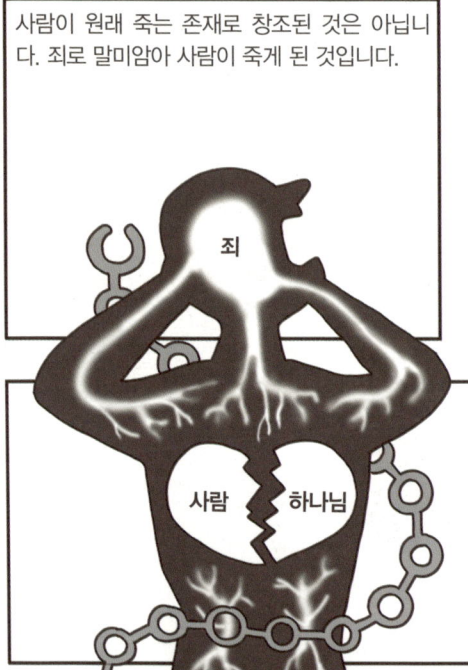

죽음은 죄의 형벌입니다.
죄의 삯은 사망입니다.
죄로 말미암아 사람에게
세 가지 죽음이 찾아왔습니다.

첫 번째 죽음
죽음은 소멸되는 것이 아니라 분리되는 것입니다. 사람과 하나님이 분리되는 것이 영적 죽음입니다.

두 번째 죽음
하나였던 영혼과 육체가 분리되는 것이 육적 죽음입니다.

세 번째 죽음
하나님과 영원히 분리되어 지옥에 떨어지는 것이 영원한 죽음입니다.

죄를 범한 사람은 영적으로 죽고, 육적으로 죽고, 영원히 죽게 되었습니다.

2. 하나님이 온 우주 만물을 창조하셨습니다

그러나 사람이 죄를 지음으로
하나님과 사람이 분리되었습니다.
하나님과 사람의 관계가 깨어졌습니다.

하나님이 말씀하셨지만 사람은 그 말씀에 순종으로 반응하지 않았습니다.

사람은 하나님의 낯을 피했습니다. 하나님은 사람을 떠나셨습니다. 하나님과 사람은 원수가 되었습니다. 이것이 영적 죽음입니다. 영적 죽음은 죄를 지은 사람에게 찾아온 첫 번째 죽음입니다.

사람 안에 하나님의 자리가 있었습니다. 그런데 죄로 말미암아 사람 안에 하나님이 떠난 빈자리가 생겼습니다.

돈과 술과 사람, 세상의 그 어떤 것으로도 채울 수 없는 빈자리가 사람 안에 생긴 것입니다.

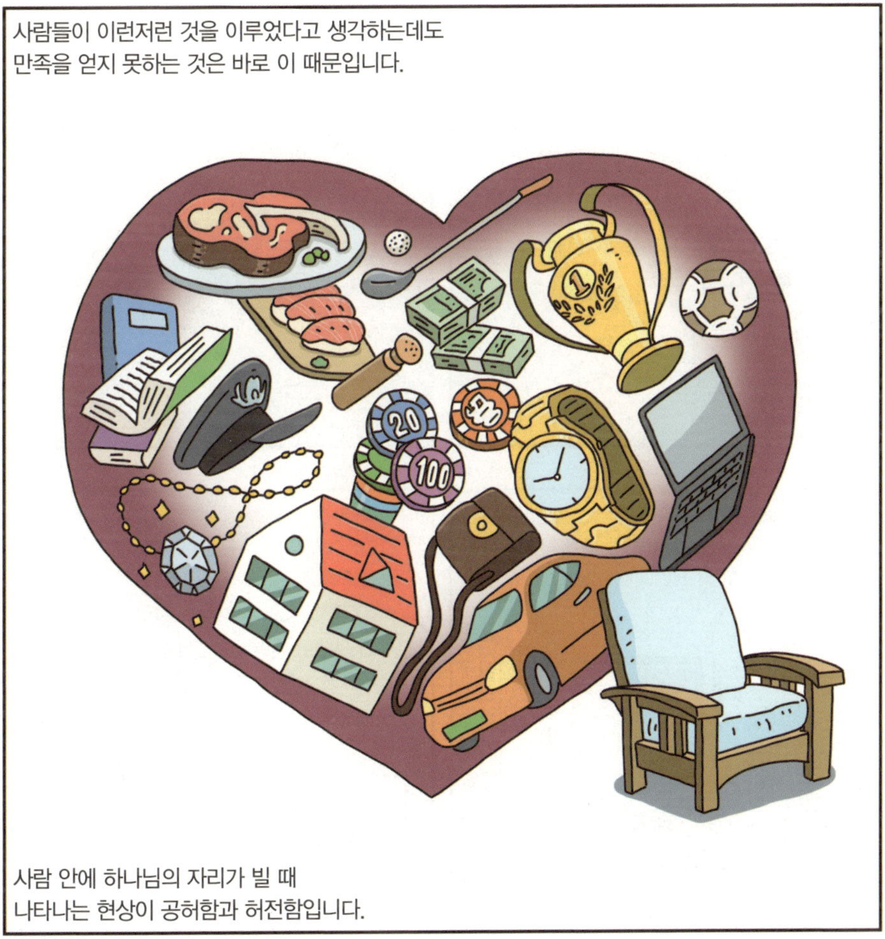

사람들이 이런저런 것을 이루었다고 생각하는데도 만족을 얻지 못하는 것은 바로 이 때문입니다.

사람 안에 하나님의 자리가 빌 때 나타나는 현상이 공허함과 허전함입니다.

2. 하나님이 온 우주 만물을 창조하셨습니다

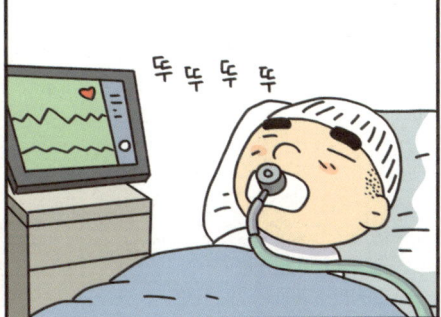

2. 하나님이 온 우주 만물을 창조하셨습니다   47

사람의 영혼은 압니다

사람 속에 행복을 갈망하는 마음이 생긴 것은 에덴동산을 상실한 후부터입니다.

하나님이 창조하신 사람이 처음 살던 곳이 에덴동산입니다.

그곳에서 살던 인간의 상태를 이 땅의 언어로 표현하면 '행복'입니다.

하지만 사람이 죄를 범함으로 에덴을 상실했습니다. 행복을 잃어버렸습니다.

그 이후 인간은 계속해서 이 행복을 갈망하게 되었죠.

왜 사람은 소유나 소비를 통해 행복을 얻지 못하는 걸까요?

마치 사형이 확정돼 집행을 며칠 앞둔 사람에게 온갖 좋은 음식과 좋은 옷이 아무 의미 없는 것과 마찬가지입니다.

특식이다!

오늘이 그날이구나.

사형수에게 기쁜 소식은 사면이듯

그 영혼에게 필요한 것은 자신이 육체와 분리되는 그날 천국에 갈 것이란 기쁜 소식입니다.
그래야 영혼이 안심합니다.

하나님이 타락한 사람을 불쌍히 여기셨습니다

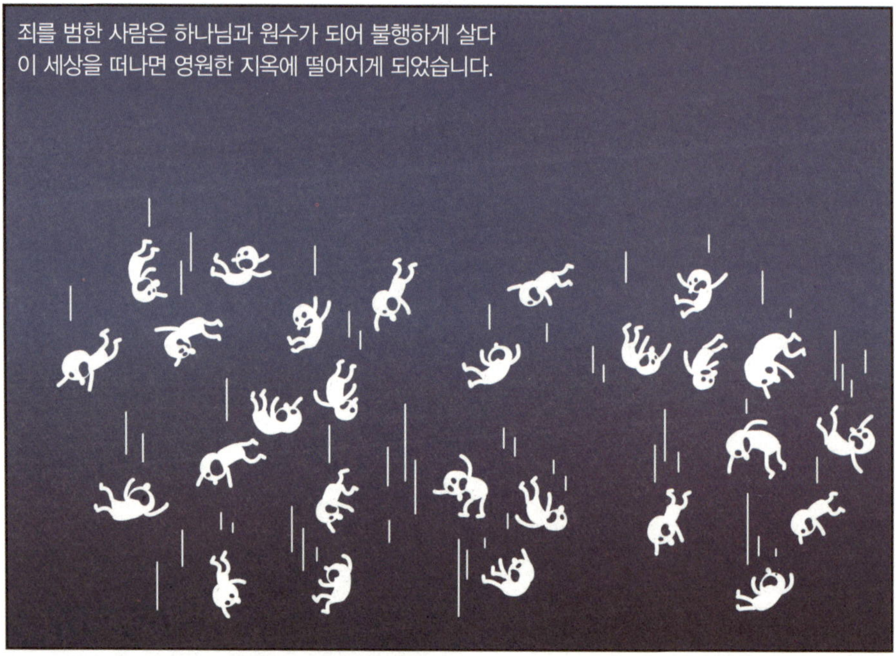

죄를 범한 사람은 하나님과 원수가 되어 불행하게 살다
이 세상을 떠나면 영원한 지옥에 떨어지게 되었습니다.

이 비참한 사람들을 하나님이 불쌍히 여기셔 그들을 그 죄와 죄의 형벌 가운데서 건져 주실 계획을 세우셨습니다.

하나님은 그분의 외아들을 세상에 보내 사람들이 지은 죄의 형벌을 대신 받도록 하셨습니다.

사람들이 죄로 말미암아
받아야 할 형벌은
사망입니다.

하나님은 이 형벌을 그 아들을 보내 대신 받게 하고
사람들을 그 죄와 죄의 형벌로부터 구원하는 계획을 세우셨습니다.
그 아들의 이름은 예수입니다.

하나님이 예수님과 언약을 맺으셨습니다.
그 약속을 요약하면 이렇습니다.

"내 사랑하는 아들아, 네가 가서 내가 택한 자들을 대신해서 죽어라."

"그리하면 네가 너를 믿는 자들의 죗값을
대신 치른 것으로 내가 여기고
저들의 죄를 다 사하고 구원해 주겠다."

이것이 은혜 언약입니다. 하나님의 사랑의 언약입니다.

행복은 소유에 있지 않고
예수님께 있습니다.

THE HAPPY LIFE
IN JESUS

3

예수님은
태초부터 계셨습니다

성경은 예수님에 대해 이렇게 설명하고 있습니다.

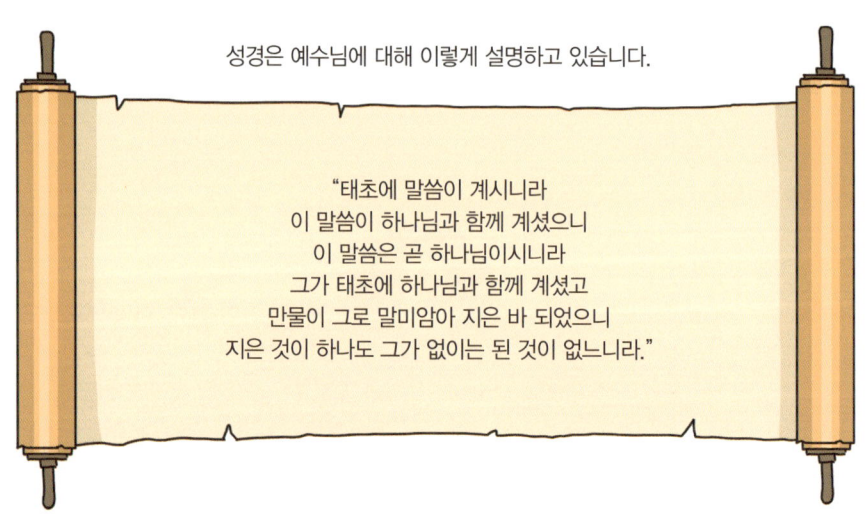

"태초에 말씀이 계시니라
이 말씀이 하나님과 함께 계셨으니
이 말씀은 곧 하나님이시니라
그가 태초에 하나님과 함께 계셨고
만물이 그로 말미암아 지은 바 되었으니
지은 것이 하나도 그가 없이는 된 것이 없느니라."

예수님은 태초부터 계셨습니다.
예수님은 태초에 하나님과 함께 계셨습니다.

예수님은 하나님이십니다

이 말씀이 예수님입니다.
예수님은 곧 하나님이십니다.

예수님은 창조주이십니다

이 말씀에서 '그'는 예수님입니다. 이 세상 만물이 예수님으로 말미암아 창조되었습니다. 피조물 중에 그 어느 것도 예수님 없이는 된 것이 없습니다. 예수님은 이 세상을 창조하신 창조주이십니다.

예수님이 창조주이심을 믿는 사람에게는 예수님의 말씀에 바람과 바다가 순종하는 것은 너무나 당연한 일입니다.

하나님이 말씀하시자 그대로 이루어졌습니다. 이것이 창조 역사입니다.

하나님이 "빛이 있으라" 하시니 빛이 있었습니다. 예수님은 바로 그렇게 세상을 창조하신 하나님이십니다.

그분의 말씀에 바람과 바다가 순종한 것은 너무나 당연한 일입니다.

3. 예수님은 태초부터 계셨습니다

예수님은 사람의 몸을 입고 이 땅에 오셨습니다

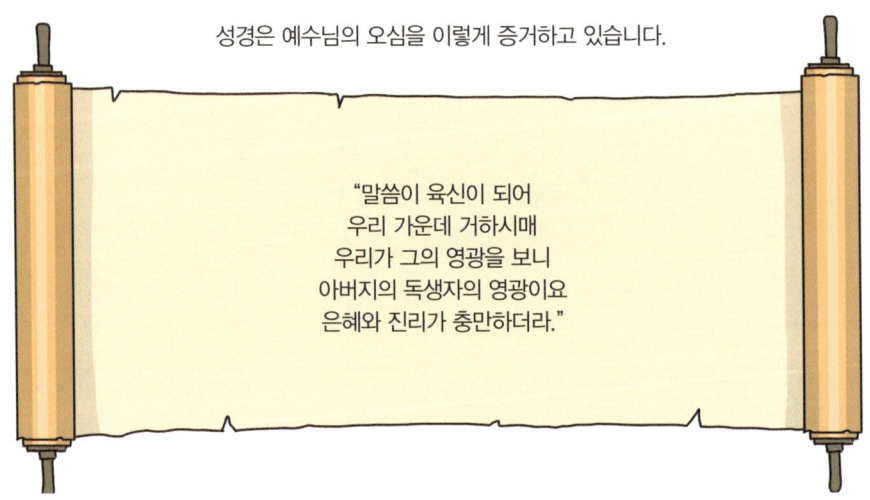

성경은 예수님의 오심을 이렇게 증거하고 있습니다.

"말씀이 육신이 되어
우리 가운데 거하시매
우리가 그의 영광을 보니
아버지의 독생자의 영광이요
은혜와 진리가 충만하더라."

때가 차매 예수님은 사람의 몸을 입고 이 땅에 오셨습니다. 하나님이 사람의 몸을 입고 이 땅에 오셨습니다.

하나님은 죽을 수 없는 분이기 때문에 죽을 수 있는 사람의 몸을 입고 오신 것입니다. 이것이 예수님의 강생(降生)입니다.

강생이란 영원 전부터 계시던 하나님이신 예수님이 하늘에서 사람의 몸을 입고 이 땅에 내려오셨다는 의미입니다.

예수님은 처녀 마리아의 몸을 통해 이 땅에 오셨습니다.

보라, 네가 잉태하여 아들을 낳으리니, 그 이름을 예수라고 해라.

나는 남자를 알지 못하는데 어떻게 이런 일이 있겠습니까?

하나님께는 불가능한 일이 없으시다.

예수님이 처녀 마리아의 몸을 통해 오신 이유는 죄 없는 사람으로 오시기 위해서입니다.

남자와 여자의 결혼을 통해 보통 생육법으로 태어나면, 나면서부터 죄인이 되기 때문입니다.

콩 심은 데 콩 나고 팥 심은 데 팥 나죠.

죄인으로 태어나면 예수님이 십자가에 달려 죽으셔도 그것은 예수님의 죄 때문에 죽는 것이 됩니다.

죄를 범한 사람들을 대신해서 죽는 대속의 죽음을 당하시기 위해서 예수님 본인은 죄가 전혀 없으셔야만 합니다.

예수님은 메시아이십니다

참고로 구약성경은 히브리어로, 신약성경은 헬라어로 기록되었습니다.

메시아와 그리스도는 같은 의미입니다. 그리스도는 '기름 부음을 받은 자'라는 의미입니다.

구약성경을 보면 기름 부음을 받는 직분은 세 가지가 있습니다. 선지자, 제사장, 왕입니다.

곧 예수님은 선지자이시고, 제사장이시고, 왕이시라는 의미입니다.

3. 예수님은 태초부터 계셨습니다

제사장은 사람들을 대신해서 하나님께 제사를 드리는 자입니다.

구약 시대에는 사람들이 하나님 앞에 직접 나아갈 수 없었습니다. 양이나 염소 등 제물을 가지고 제사장에게 가면 제사장이 그 사람을 대신해서 하나님께 제사를 드려 주었습니다.

사람이 하나님께 나아가려면 반드시 제사장을 통해야 했습니다.

예수님은 제사장이십니다. 양이나 염소가 아닌 그분의 몸을 제물 삼아 하나님께 영원한 제사를 드리신, 우리의 영원한 제사장이십니다.

이 땅에서 하늘로, 사람에게서 하나님께로 올라가는 채널이 제사장 채널입니다.

예수님을 통해 우리는 하나님께 직접 나아갈 수 있게 되었습니다.

3. 예수님은 태초부터 계셨습니다

선지자가 있으면 하늘에서 땅으로, 하나님에게서 사람에게 내려오는 채널이 열리고,

제사장이 있으면 땅에서 하늘로, 사람에서 하나님께로 올라가는 채널이 열립니다.

선지자 예수님을 통해 하나님의 뜻과 마음을 알고, 제사장 예수님을 통해 우리의 소원과 기도를 하나님께 올려 드립니다.

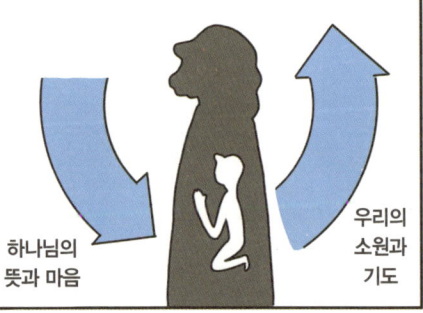

하나님의 뜻과 마음 / 우리의 소원과 기도

예수님을 통해 우리는 하나님과 통하는 사이가 됩니다. 일방이 아닌 쌍방향 커뮤니케이션이 형성됩니다.

왕은 우리가 잘 아는 대로 통치자입니다. 한 국가의 장래는 어떤 통치자를 만나느냐에 달려 있습니다.

위대한 다윗 왕, 만세!

번성하던 나라도 통치자를 잘못 만나면 그 백성이 궁핍하고 불쌍하게 되는 것을 우리는 역사를 통해 많이 보았습니다.

좋은 지도자를 만나는 것은 백성에게 큰 복이지.

예수님은 왕이십니다. 예수님은 위대하고 선한 왕이십니다. 우리는 그분이 통치하시는 나라의 백성입니다. 그분의 통치를 받으면 평안하고 행복합니다. 장래가 보장됩니다. 평화와 공의의 나라가 이루어집니다.

예수님은 온 우주 만물의 주인이십니다. 이 세상과 세상에 있는 모든 것이 다 하나님의 것입니다. 예수님의 것입니다. 이 땅에 있는 모든 사람도 물론 예수님의 것입니다.

각 나라의 역사를 살펴보면 이런 공통점이 있습니다. 그것은 누가 주(主)냐 하는 것이었습니다.

왕정 시대는 군(君)이 주가 되던 시대였습니다. 군의 권력이 극에 달하자 군은 자신을 신으로 높이고 자신을 위한 신전을 짓기도 했습니다.

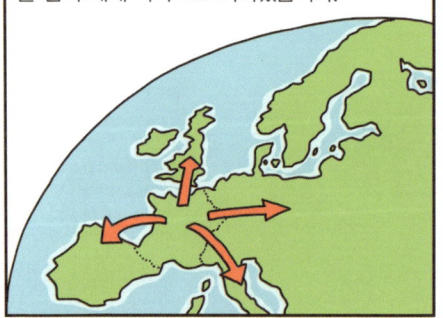

그런데 하나님이 마음에 담아 주신 것이 있습니다. 그것은 군도 주가 아니요, 민도 주가 아니요, 주는 오직 예수 그리스도시라는 사실입니다.

역사적으로 신주(神主) 시대가 있었습니다. 교회의 대표라고 생각하는 교황이 통치하던 시대입니다.

그러나 그때도 혼란은 여전했습니다. 교황과 황제가 누가 주냐 하는 것을 놓고 크게 다투는 일도 발생했습니다.

예수 그리스도가 주가 되는 세상은 이런 세상이 아닙니다. 예수 그리스도가 주가 되는 세상은 예수 그리스도의 말씀이 주가 되는 세상입니다.

우리가 처한 상황 가운데서 늘 예수님의 뜻, 예수님의 말씀을 묻고 찾고 묵상하고 따르는 것입니다.

오늘 우리가 어떤 형편 가운데 있든지 이 고백을 하는 곳에 평화가 임합니다.

예수 그리스도의 주 되심을 인정하는 곳에는 평화가 있습니다. 가정에서도 마찬가지입니다.

3. 예수님은 태초부터 계셨습니다

회사에서도 마찬가지입니다. 노사 간에 힘겨루기를 하는 것이 아니라 주는 오직 예수 그리스도라는 사실을 인정할 때 평화가 있습니다.

교회에서도 마찬가지입니다. 목사도 주가 아니요, 장로도 주가 아니요, 주는 오직 예수 그리스도라는 고백이 있을 때 교회는 평안합니다.

성경에 "피차 복종하라"는 말씀이 있습니다. 서로가 서로에게 복종하라는 의미로 해석할 수도 있지만 군도 민도 피차 예수님께 복종하라는 의미로 받아들일 수도 있습니다.

서로 주가 되려고 하는 곳에는 반드시 다툼과 분쟁이 일어납니다.

기억하세요. "군도 주가 아니요, 민도 주가 아니요, 주는 오직 예수 그리스도시라." 이 고백이 평생 우리를 평화 가운데로 인도할 것입니다.

예수님은 죽은 지 사흘 만에 살아나셨습니다

예수님은 하나님께 버림을 받으셨습니다. 예수님은 십자가 위에서 절규하셨습니다. 그 절규는 정말 처절했습니다.

나의 하나님, 나의 하나님, 어찌하여 나를 버리셨나이까?

예수님은 죄로 말미암아 우리가 받아야 할 진노와 저주를 그 몸에 다 받으셨습니다.

사람들은 그것이 주님의 마지막 모습인 줄 알았습니다. 예수님의 제자들은 모든 소망이 끊어졌다고 생각했습니다.

하지만 예수님은 죽은 지 사흘 만에 다시 살아나셨습니다. 사망을 이기시고 부활하셨습니다.

그는 여기 계시지 않다. 그가 말씀하신 대로 그는 살아나셨다.

THE HAPPY LIFE
IN JESUS

4

당신은 구원이 필요한 사람입니다

당신은 구원이 필요한 사람입니다. 예수님은 당신을 구원하기 위해 이 땅에 오신 하나님입니다. 당신은 본래 하나님의 형상대로 지음 받았던 사람입니다. 예수님은 당신이 잃어버린 하나님의 형상을 회복시켜 주기 위해 이 땅에 오신 하나님입니다.

당신의 상태	예수님이 이 땅에 오신 목적
당신은 심판을 받아야 할 사람입니다. 	예수님은 당신이 받아야 할 심판을 대신 받기 위해 이 땅에 오신 하나님입니다. 
당신은 죽을 수밖에 없는 사람입니다. 	예수님은 당신을 살리기 위해 이 땅에 오신 하나님입니다. 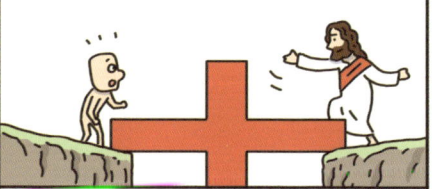
당신은 안타깝게도 이 세상을 떠나면 지옥으로 갈 사람입니다. 	예수님은 당신을 지옥에서 건져 내어 천국으로 옮기기 위해 이 땅에 오신 하나님입니다. 
당신은 죄로 말미암아 저주 아래 있는 사람입니다.	예수님은 당신의 저주를 복으로 바꾸어 주기 위해 이 땅에 오신 하나님입니다. 

당신의 상태	예수님이 이 땅에 오신 목적
당신은 죄로 말미암아 불행한 사람입니다.	예수님은 당신을 행복하게 하기 위해 이 땅에 오신 하나님입니다.

당신은 장래에 대한 소망이 끊어진 사람입니다.	예수님은 당신에게 내일의 소망을 주기 위해 이 땅에 오신 하나님입니다.

당신은 외로운 사람입니다.	예수님은 외로운 당신과 함께하기 위해 이 땅에 오신 하나님입니다.

당신은 마음이 공허하고 허전한 사람입니다.	예수님은 당신의 마음을 채워 주기 위해 이 땅에 오신 하나님입니다.

4. 당신은 구원이 필요한 사람입니다

당신은 사람과의 관계에서 어려움을 겪는 사람입니다.

예수님은 당신이 사람과 경쟁함으로 사람이 떠날 수밖에 없는 삶의 구조를 근본적으로 바꿔 주기 위해 이 땅에 오신 하나님입니다.

예수님은 당신이 범사에 감사하도록 하기 위해 이 땅에 오신 하나님입니다.

예수님은 당신이 담대하게 살도록 하기 위해 이 땅에 오신 하나님입니다.

예수님은 당신이 염려하고 근심하는 대신 할 수 있는 일을 주기 위해 이 땅에 오신 하나님입니다. 그것은 기도입니다.

예수님은 당신이 사람을 사랑하며 살게
하기 위해 이 땅에 오신 하나님입니다.
예수님은 당신이 기뻐 뛰며 춤추며 살게
하기 위해 이 땅에 오신 하나님입니다.
예수님은 당신에게 평강을 주기
위해 이 땅에 오신 하나님입니다.

예수님을 거절하는 사람들이 있습니다

하나님이 사람의 몸을 입고 죄를 범한 인간을 구원하기 위해 이 땅에 오셨지만 어떤 사람들은 예수님을 영접하지 않았습니다. 그뿐 아니라 예수님을 오히려 핍박했습니다.

안 돼요! 거기로 계속 가면 낭떠러지가 있어요!

무슨 소리! 이제껏 여기로 다녔구만.

그들은 예수님 안에 있는 하나님의 구원을 거절했습니다. 천국에로의 초청을 거절했습니다.

그들은 원래 자신들의 죄로 말미암아 마땅히 형벌을 받아야 합니다. 예수님이 이 세상에 오셔서 그들을 지옥으로 던지신 것이 아닙니다.

내가 가고 싶은 데로 갈 거야!

못 믿겠어!

그들은 원래 자신들의 죄로 말미암아 지옥에 가게 되어 있었습니다.

그들은 그 지옥에서 구원받는 것을 거절한 것입니다. 안타까운 일입니다.

예수님을 영접하는 사람들이 있습니다

사람의 몸을 입고 이 땅에 오신 예수님을 영접한 사람들이 있습니다.

"주는 그리스도시요 살아 계신 하나님의 아들이시니이다."

그들은 예수님을 구주로 영접했습니다. 예수님을 믿었습니다. 그들은 구원받았습니다. 사망이 생명으로, 지옥이 천국으로,

나를 따르면 생명의 길로 인도하겠다.

불행이 행복으로, 절망이 소망으로,

장차 고난이 없는 곳, 영원한 천국에 들어갈 것이다.

두려움이 평안으로 바뀌었습니다.

두려워하지 마라. 내가 영원히 너와 함께한다.

당신은 어떻게 하시렵니까?

예수님을 믿으십시오. 스스로 자신을 구원할 수 없는 당신이 이 세상에서 할 수 있는 가장 위대한 일은 예수님을 믿는 것입니다.

왜냐고요? 지금까지 살펴본 대로 당신은 죄인입니다. 당신의 인생은 이 세상이 전부가 아닙니다.

이 세상을 떠나면 천국과 지옥 중 한 곳으로 당신은 가야 합니다.

이제 당신은 지금 여기서 결정해야 합니다. 지금 여기서 예수님을 믿으면 당신은 천국에 갑니다.

당신은 이 땅에서 눈을 감고 저 세상에서 눈을 뜰 날이 옵니다. 천국에서 눈을 뜨기 위해서는 예수님을 믿어야 합니다.

4. 당신은 구원이 필요한 사람입니다

주 예수를 믿으십시오

예수님을 믿지 않고 죽은 사람들이 죽고 나서 하는 첫마디는 놀랍게도 다 예수님을 믿겠다는 것입니다.

천국 보험을 드십시오

예수님을 믿을 기회는 지금 이 땅에서뿐입니다

4. 당신은 구원이 필요한 사람입니다

인생 4기는 예수님의 재림 때 시작됩니다. 십자가에서 죽으시고 사흘 만에 살아나셔서 승천하신 예수님이 이 땅에 다시 오실 때, 3기 인생을 살고 있던 영혼들이 함께 이 세상으로 옵니다. 죽음으로 분리되었던 영혼과 육체가 다시 하나가 됩니다. 이것이 부활입니다.

인생 3기를 천국에서 살던 이들이 먼저 생명의 부활을 하고
이어 지옥에서 인생 3기를 보내던 이들이 심판의 부활을 합니다.
이때부터 인생 4기가 시작됩니다. 인생 4기는 3기의 연속입니다.
인생 3기를 천국에서 보내던 이들은 인생 4기를
천국에서 시작합니다. 인생 3기를 지옥에서 보내던
이들은 인생 4기를 지옥에서 보냅니다.
영혼과 육신이 하나 된 채로 말입니다.

인생 4기는 끝없이 영원히 지속됩니다.

그런 의미에서 인생 2기는 아주 중요한 때입니다. 마치 청소년 때 5년을 어떻게 보내느냐가 그 후 50년에 영향을 미치는 것과 마찬가지입니다.

이 땅에서 사는 80년 혹은 100년인 인생 2기가 우리 인생의 전부가 아닙니다. 어느 곳에서 인생 3기와 4기를 보낼 것인가는 인생 2기 때 결정됩니다.

인생 3기와 4기를 천국에서 보내는 유일한 길은 2기 인생을 살고 있는 지금, 예수님을 믿는 것입니다. 인생 3기에는 예수님을 믿을 기회가 주어지지 않습니다. 지금, 아직 기회가 주어졌을 때 여기서 예수님을 믿으십시오.

4. 당신은 구원이 필요한 사람입니다

다음 세상을 지금 사야 합니다

알래스카가 자원의 보물 창고라는 말을 들으면 매우 아쉬워하는 사람들이 있습니다. 알래스카 전 주인의 후손들입니다. 반면 알래스카를 산 사람의 후손들은 오늘날 그 덕을 톡톡히 보고 있습니다. 알래스카는 러시아 땅이었는데 미국 제17대 대통령인 앤드류 존슨이 1867년에 720만 달러에 사들였습니다.

예수님을 사면 예수님 안에 있는 모든 것이 다 내 것이 됩니다. 알래스카를 산 미국이 그 땅에 매장된 금과 석유를 소유한 것과 마찬가지입니다.

시워드 국무장관이 알래스카를 사야 한다고 말했던 것처럼 지금도 도처에서 예수님의 복음을 사야 한다고 전하는 사람들이 있습니다.

주 예수를 믿으세요.

흠….

그런데 그 사람들은 어리석은 사람이라는 소리를 듣고 있습니다.

당신이나 믿으세요. 관심 없습니다.

왜 자꾸 믿으라는 거야?

그러나 그들이 옳았다는 사실을 인정할 수밖에 없는 날이 반드시 옵니다.

앗! 예수 믿는 사람들은 천국에….

으악! 내가 지옥에 오다니!

행복을 파는 가게가 있습니다

어쩌면 이 시대를 살고 있는 많은 사람이 이와 같은 고민을 하고 있는지 모릅니다.

늘 수요가 있는 곳에는 공급이 있습니다. 행복도 마찬가지입니다.

무언가를 판매하려는 업체의 광고를 보면 마치 그 제품을 가지면 행복해질 것 같은 생각을 갖게 합니다.

여기저기서 행복이 있다 하며 사람들을 부르죠.

그러면 사람들은 행복을 사기 위해 지갑을 엽니다.

그런데 문제는 사고 나면 물건만 남지 행복은 없습니다.

해 보기 전에는 그것을 하기만 하면 행복할 것 같은데 막상 해 보면 행복이 없는 것입니다.

백화점에서 분명 행복을 쇼핑했는데 집에 와서 쇼핑백을 열어 보면 물건만 있습니다.
행복을 목적으로 했지만 거둔 것은 허전함과 허무함입니다.

음….

이런 분들에게 진정한 행복을 파는 가게를 소개하려고 합니다.

이 가게에서 행복을 팝니다.
더 정확히 말하면
행복의 원천을 팔죠.

이렇게 말씀하시며 예수님이 그 사람에게 천국 열쇠를 주셨습니다.
이 천국 열쇠는 이 땅과 영원한 나라인 천국에서 사용됩니다.

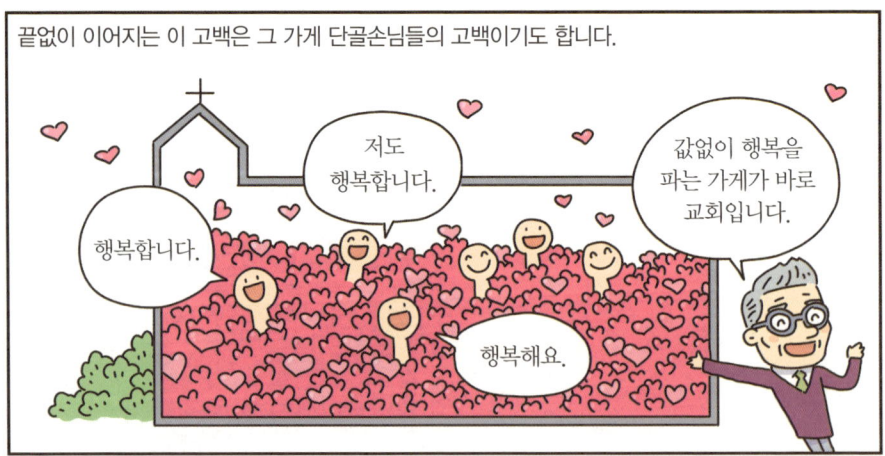

예수님을 당신의 결정권자로 영접하는 것이 예수님을 믿는 것입니다

인생은 결정의 연속입니다. 지금까지 당신은 스스로 그 결정을 했습니다. 때로는 다른 사람들의 자문을 받아서 결정하기도 했습니다.

예수님을 믿는 것은 그분을 당신의 결정권자로 받아들이고 당신이 가지고 있던 결정권을 그분께 드리는 것입니다.

성경에 예수님은 신랑, 왕, 주인 등으로 묘사되어 있습니다. 이들의 공통점은 결정권자라는 것입니다.

예수님을 왕으로 모시면 당신은 신하가 됩니다.

예수님을 주인으로 모시면 당신은 종이 됩니다.

"예수께서 또 말씀하여 이르시되
나는 세상의 빛이니 나를 따르는 자는
어둠에 다니지 아니하고
생명의 빛을 얻으리라"(요한복음 8:12).

THE HAPPY LIFE
IN JESUS

5

이것이 예수님을 믿는 당신의 인생입니다

예수님을 믿는 당신은 죄 사함을 받습니다

인생에서 가장 중요한 숙제는 죄 문제를 해결하는 것입니다. 이것이 가장 급선무입니다.

죄 문제를 해결해야 불행에서 벗어납니다. 죄가 사라져야 행복합니다.

죄 문제를 해결해야 지옥에 가지 않습니다. 안타까운 사실은 사람에게는 죄 문제를 해결할 능력이 없다는 것입니다.

어떤 사람은 세 가지 죄를 지으면 다섯 가지 선을 행해서 세 가지 선으로 세 가지 죄를 상쇄하고 선이 둘 남았으니 선하다고 생각합니다.

아닙니다. 아무리 많은 선을 행한다 해도 선한 일로 자신의 죄를 상쇄할 수 없습니다. 평생을 속죄하는 마음으로 살아도 그 죄는 속죄되지 않습니다.

열심히 씻으면 하얗게 되겠지? 아닌가?

이방 종교에서도 무엇이 죄인지, 죄를 지으면 어떻게 되는지 이야기합니다. 그렇게 한 후에 결론은 "네 죄를 네가 해결하라"고 합니다.

죄 문제를 스스로 해결할 수 없는 사람에게 그 죄를 해결하라고 하니 참 안타깝죠.

하나님은 "네 죄를 네가 해결하라"고 하지 않으십니다. 예수님은 이렇게 말씀하십니다.

네 죄를 내가 해결해 줄 테니 너는 나를 믿기만 해라.

예수님을 믿고 자신의 죄를 자백하기만 하면 그 죄를 다 사해 주시겠다니 세상에 이런 은혜가 어디 있습니까. 이 놀라운 은혜를 당신이 받은 것입니다.

필름 카메라는 사진을 촬영한 후에 필름을 감아야 합니다. 그러지 않고 카메라 뒤 덮개를 열면 촬영한 장면이 모두 사라집니다.

우리의 죄를 낱낱이 촬영한 하늘나라 사진기가 있습니다. 그러나 거기에 예수 그리스도의 빛이 들어가면 아무 흔적도 남지 않습니다. 죄가 없는 것, 이것이 은혜입니다. 예수님이 우리에게 복음인 것은 바로 이 때문입니다.

죄 문제를 해결할 수 있는 방법을 예수님이 당신에게 보이셨습니다.

자신이 지은 죄는 '회개'로, 다른 사람이 지은 죄는 '용서'로 해결하도록 하셨습니다.

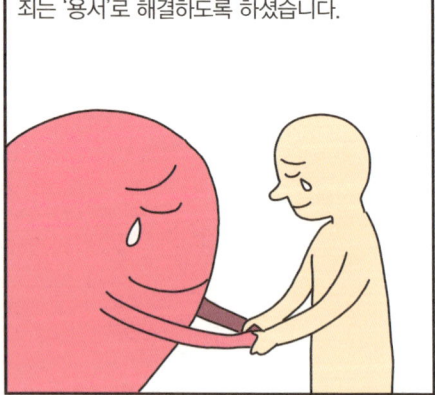

예수님을 믿는 당신은 심판받지 않습니다

한 번 죽는 것은 사람에게 정하신 것이요, 그 후에는 심판이 있습니다.

심판

당신은 심판을 받을 필요가 없습니다!

그러나 예수님을 믿는 사람은 심판을 받지 않습니다. 예수님이 이미 당신을 대신해서 심판을 받으시고 죽으시고 다시 사셨기 때문입니다.

예수님을 믿는 당신은 이 세상을 떠날 때 심판의 두려움을 안고 떠나지 않아도 됩니다.

5. 이것이 예수님을 믿는 당신의 인생입니다

죽은 후에야 천국으로 갈지, 지옥으로 갈지 아는 것이 아닙니다.

죽어야 아는 게 아니라고?

당신은 이미 이 땅에서 천국 비자를 받았습니다.

예수님이 선언하십니다. "내 말을 듣고 또 나 보내신 이를 믿는 자는 영생을 얻었고 심판에 이르지 아니하나니 사망에서 생명으로 옮겼느니라."

어려서 주일학교에 다닐 때 선생님에게 심판에 대한 이야기를 듣고 무서워 떨었던 적이 있습니다. 선생님은 "사람이 죽은 후에 심판이 있으니 죄짓지 말라"고 하면서 이렇게 설명했습니다. 죽은 다음에 요단강을 건너야 천국에 들어가는데 요단강 앞에는 큰 저울이 있다고 했습니다.

그 저울에 올라섰을 때, 죄를 많이 지은 사람은 저울이 기울어지면서 지옥에 떨어지고,

저울이 기울어지지 않는 사람은 천국에 들어간다고 했습니다.

이 이야기를 듣고 어린 저는 얼마나 겁이 났는지 모릅니다.

저울이 기울어져서 지옥으로 떨어질 뻔했다 간신히 다시 저울을 붙잡고 올라오는 꿈을 꾸기도 했죠.

이것이 잘못된 것임을 알게 될 때까지 심판이란 말만 들어도 두려운 마음이 들었습니다.

예수님을 믿는 우리는 죽은 후에 심판대 앞에 서지 않습니다. 더군다나 저울 앞에 설 일은 없습니다.

오늘은 네가 심판할래?

5. 이것이 예수님을 믿는 당신의 인생입니다

후에 알고 보니 죽으면 저울 앞에 서서 심판을 받는데 선을 행한 자는 천국으로, 죄를 지은 자는 지옥으로 떨어진다고 가르치는 종교가 있었습니다.

이 사람들은 살면서 얼마나 불안할까요? 참으로 안타까운 일입니다.

스스로 행한 선으로 심판대 앞을 통과해서 천국에 갈 수 있는 사람은 아무도 없습니다. 예수님을 믿는 당신은 심판을 받지 않습니다. 예수님을 믿는 우리는 심판에 대한 두려움이 아닌 천국 입성에 대한 기대감으로 이 세상을 떠날 수 있습니다.

예수님을 믿는 당신은 이제 자유인입니다

예수님을 믿는 당신은 이제 더는 죄책감과 죄의식 때문에 괴로워하지 않아도 됩니다. 당신을 옭아매던 죄의 사슬이 풀어졌습니다.

죄가 이끄는 대로 끌려다니지 않아도 됩니다. 당신은 죄에서 벗어났습니다. 죄 사함을 받은 행복자입니다.

이제 힘차게 앞을 향해 나갈 수 있습니다. 죄에 대해 "No!"라고 거부할 수 있습니다.

죄의 형벌로 인해 두려워 떨던 인생은 더는 당신의 인생이 아닙니다. 당신은 이제 자유인입니다.

5. 이것이 예수님을 믿는 당신의 인생입니다

예수님을 믿는 당신은 과거가 없습니다

사람은 누구나 지우고 싶은 과거가 있죠. 기억하고 싶지 않은 것들이 있습니다. 우리가 기억하고 싶지 않은 과거 중에는 죄와 관련된 것이 많습니다.

그것은 자신이 지은 죄이기도 하고, 다른 사람이 자신에게 범한 죄이기도 합니다.

전자의 경우, 죄책감과 죄의식으로 괴로움을 당합니다.

후자의 경우는 그들을 향한 미움과 증오심 때문에 고통을 당합니다.

두 경우 모두 후회를 동반하죠.

후회는 이내 원망으로 이어집니다. 자신과 다른 사람 그리고 그렇게 된 환경을 원망합니다.

그러나 그 후회와 원망을 통해 얻는 것이 아무 것도 없음을 발견하기까지는 그리 오랜 시간이 걸리지 않습니다.

이것을 깨닫게 되면 어떻게 해서든지 그 과거로부터 벗어나길 갈망하며 길을 찾습니다.

과거를 생각할 한가한 시간이 없을 정도로 무언가에 열중하며 열심히 살아 봅니다.

어떤 이는 명상도 하고, 굿을 하기도 하고, 도를 닦기도 합니다. 하지만 그런다고 과거가 지워지거나 그 과거로부터 자유로워지지는 않습니다.

5. 이것이 예수님을 믿는 당신의 인생입니다

한순간은 그 과거로부터 벗어났다고 느꼈는데 다시 그 과거에 얽매여 고통스러워하고 있는 자신을 발견합니다.

과거를 지울 수만 있다면 우리는 새 삶을 살 수 있습니다.

이 힘든 과거를 지울 수 있다면 얼마나 좋을까?

기쁜 소식을 전해 드립니다. 더는 기억하고 싶지 않은 과거를 깨끗이 지울 수 있는 길이 있습니다.

그 길은 바로 예수님입니다. 회개하고 예수님을 믿는 것입니다. 하나님은 우리의 부끄러운 그 과거, 그 죄, 그 허물을 완전히 지워 주십니다.

하나님은 회개한 우리의 그 죄를 인정하지도, 기억하지도 않으십니다.

과거를 생각하며 속죄하는 심정으로 인생을 살지 마세요. 속죄받은 자로 사세요.

이미 회개했다면 기억하세요. 기억하고 싶지 않은 과거, 그것은 예수님 안에서 전부 지워졌습니다.

당신이 추억하고 싶은 아름다운 순간, 추억하면 힘이 되는 과거는 그대로 남아 있습니다.

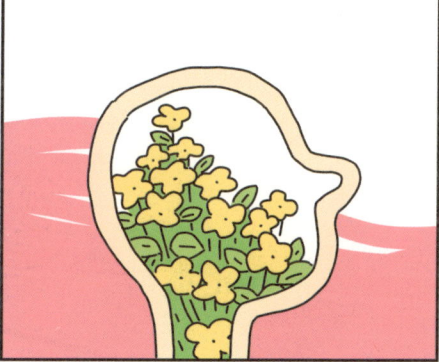

예수님을 믿는 당신은 과거가 없는 사람입니다. 이제 더는 과거에 매여 살지 말고 미래를 향해 힘차게 나아가십시오. 성경은 이렇게 선언합니다.
"누구든지 그리스도 안에 있으면 새로운 피조물이라 이전 것은 지나갔으니 보라 새것이 되었도다."

예수님을 믿는 당신은 의인입니다

의인이 되려면 하나님의 말씀을 전부 지켜 행해야 합니다. 그렇게 하지 못하면 죄인이 됩니다.
하나님의 말씀을 전부 지키지 못함으로 모든 사람은 죄인이 되었습니다.
죄인에게는 저주가 임합니다.

성경은 증거합니다.

"무릇 율법 행위에 속한 자들은 저주 아래에 있나니 기록된 바 누구든지 율법 책에 기록된 대로 모든 일을 항상 행하지 아니하는 자는 저주 아래에 있는 자라 하였음이라."

하나님의 말씀을 전부 지키지 못함으로 저주를 받게 된 당신에게 예수 그리스도로 말미암아 은혜가 임했습니다.

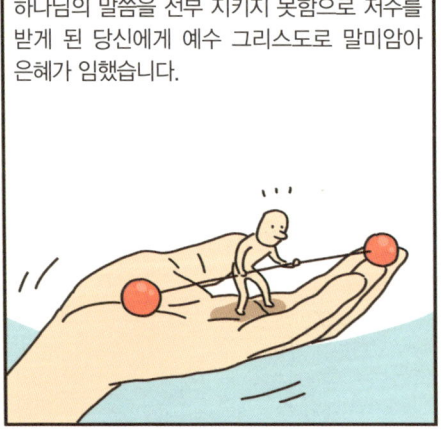

당신이 받을 저주를 예수님이 십자가에서 대신 받으셨습니다.

"그리스도께서 우리를 위하여 저주를 받은 바 되사 율법의 저주에서 우리를 속량하셨으니 기록된 바 나무에 달린 자마다 저주 아래에 있는 자라 하였음이라."

이렇게 하시고 하나님은 예수님을 믿는 당신에게 너는 의인이라고 선포하셨습니다.

예수로 말미암아 너는 의인이다!

죄인은 천국에 들어갈 수 없습니다. 천국은 오직 의인만이 들어갈 수 있습니다.

구약성경 잠언에 큰 감동을 주는 말씀이 있습니다.

"악인에게는 그의 두려워하는 것이 임하거니와 의인은 그 원하는 것이 이루어지느니라."

예수님을 믿는 당신은 성도입니다

예수님은 예수님을 믿는 자들을 성도라 불러 주십니다.
성도를 영어로 하면 'saints'입니다.
성자를 일컫는 'saint'의 복수형입니다.
우리에게는 어울리지 않는 말입니다.

그러나 어떻게 하겠습니까? 하나님이 예수님의 십자가의 피로 사신 우리를 거룩하다고 하시고 성자라고 하시니 말입니다.

예수님을 믿는 당신은 세상에서 살지만 세상과 구별된 사람입니다. 성도입니다.

구약성경 아가서에 등장하는 술람미 여인은 자신을 이렇게 소개합니다.

"예루살렘 딸들아 내가 비록 검으나 아름다우니 게달의 장막 같을지라도 솔로몬의 휘장과도 같구나."

예수님을 믿는 당신은 하나님의 자녀입니다

하나님은 예수님을 영접하는 자에게 하나님의 자녀가 되는 권세를 주셨습니다.

너는 이제부터 종이 아니라 내 아들이다.

성경은 이렇게 선언합니다. "그러므로 네가 이후로는 종이 아니요 아들이니 아들이면 하나님으로 말미암아 유업을 받을 자니라."

유업을 받을 자라는 말은 곧 상속자란 말입니다. 당신이 하나님의 자녀가 된다는 의미는 곧 하나님의 상속자가 된다는 것입니다.

이 세상이 모두 다 하나님의 것입니다. 예수님을 믿는 당신은 그 모든 것을 상속받을 사람입니다.

당신이 앞으로 상속받을 그 어마어마한 것들을 생각해 보십시오. 세상에 하나님의 상속자보다 더 부요한 자는 없습니다.

예수님을 믿는 당신은 못할 일이 없습니다

주일 설교를 앞두고 늘 마음이 설렙니다. 그날은 유난히 마음이 설레었습니다.
주님이 "너희가 못할 것이 없으리라"는 말씀을 주셨기 때문입니다.

성경 속 이 말씀이 살아 움직이듯 내 가슴에 들어왔을 때 얼마나 흥분되었는지 모릅니다.

그 주일에 예배 시간마다 온 힘을 다해 이 기쁜 소식을 전했습니다. 설교하는 내내 가슴에서 불이 올라오는 것 같았습니다.

사실 우리는 우리가 무엇이 모자라고 무엇이 부족하기 때문에 못한다는 사실을 너무 잘 압니다.

행여 누가 무엇을 하라고 하면 내가 그 일을 할 수 없는 이유가 단숨에 나옵니다.

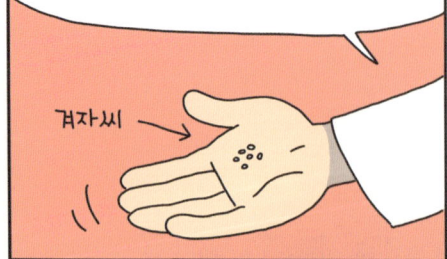

믿음이 위대한 일을 행하는 근거가 된다는 사실은 우리에게 큰 소망입니다.

좋은 대학을 나오고 머리가 좋은 너희는 못할 것이 없다고 말씀하셨다면 많은 사람이 실망할 것입니다.

그럼 그렇지. 잘난 사람은 따로 있다니까.

사는 게 다 그런 거지, 뭐. 휴~.

주님은 말씀하십니다. "믿음으로 하는 것이다. 믿음이 있으면 너희가 못할 것이 없다."

주님은 또 이렇게 말씀하십니다.

나를 믿는 자는 내가 하는 일을 그도 할 것이요, 또한 그보다 큰일도 하리니.

이는 우리 안에 있는 믿음의 능력을 가르쳐 주신 것입니다.

5. 이것이 예수님을 믿는 당신의 인생입니다

예수님이 하나님이시고 예수님이 구세주시라는 믿음, 예수님이 당신을 위해 십자가에서 죽으시고 사흘 만에 다시 살아나셨다는 믿음이 당신 안에 있습니다. 예수님은 이 믿음을 근거로 당신을 통해 위대한 일을 하십니다.

이 믿음이 있다면 당신은 못할 것이 없습니다.

이제 당신 안에 있는 믿음을 근거로 하나님이 당신을 통해 이루실 일을 꿈꾸세요.

이것이 겸손입니다. 예수님의 말씀을 그대로 받아들이는 것, 이것이 겸손입니다.

너는 내 말을 믿느냐?

당신 안에 있는 믿음을 근거로 담대히 외치세요.
"예수님을 믿는 나는 못할 것이 없다!"

예수님을 믿는 당신은 하나님의 형상입니다

예수님을 믿는 당신 안에 하나님의 형상이 회복되었습니다. 죄로 말미암아 잃어버렸던 하나님의 형상을 다시 찾았습니다.

당신 안에 의와 하나님을 아는 지식과 거룩함이 회복되었습니다.

이제 사람들이 당신을 통해 하나님의 영광을 보게 됩니다.

예수님을 믿는 당신은 말이 회복되었습니다. 사람이 타락하면서 함께 타락한 것이 사람의 말입니다.

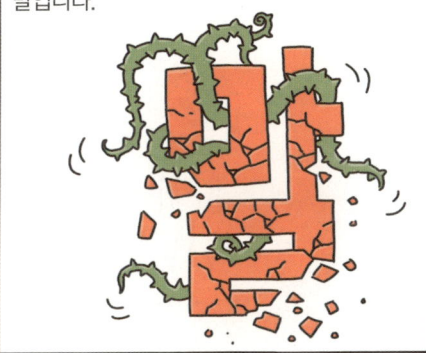

말이 타락하면서 말의 창조적인 능력이 파괴적으로 변질되고 말았습니다.

예수님을 믿으면 말이 바뀝니다. 악한 말이 선한 말로, 파괴적인 말이 창조적인 말로 바뀝니다.

5. 이것이 예수님을 믿는 당신의 인생입니다

사람을 죽이는 말이 사람을 살리는 말로, 망하게 하는 말이 흥하게 하는 말로, 불행하게 하는 말이 행복하게 하는 말로, 병들게 하는 말이 치료하는 말로 바뀝니다.

예수님을 믿는 당신은 두려움 없이 담대하게 삽니다.

우리는 두려움과 믿음, 둘 중에 하나는 갖고 살아야 합니다.

두려움은 사람을 위축시키고 소심하게 만듭니다. 능력을 발휘할 수 없게 합니다.

두려움의 폐해는 여기서 끝나지 않습니다. 두려워하는 것이 결국 그에게 임합니다.

두려움을 피해 도망간다고 해서 그 두려움을 따돌릴 수 있는 것도 아닙니다. 고개를 흔든다고 그 두려움이 떨쳐지는 것도 아닙니다.

밀려오는 두려움을 어떻게 할 수 없는 것이 예수님 없는 인생의 현실입니다.

"악인에게는 그의 두려워하는 것이 임하거니와 의인은 그 원하는 것이 이루어지느니라."

두려움 없는 인생은 하나님과 함께 시작됩니다. 당신은 예수님을 믿었으니 이제 두려움이 사라질 것입니다. 예수님으로 말미암아 의인이 된 당신은 그 원하는 것을 이루며 살 것입니다.

5. 이것이 예수님을 믿는 당신의 인생입니다

예수님을 믿는 당신은 사망에서 생명으로 옮겨졌습니다

죄로 말미암아 사람에게 찾아온 세 가지 죽음에서 당신은 전부 살아납니다.

영적 죽음에서 이미 살아났습니다. 이것이 중생입니다.

육적 죽음에서 살아날 것입니다. 이것이 부활입니다.

영원한 죽음에서 살아날 것입니다. 이것이 영생입니다.

예수님을 믿는 당신은 거듭났습니다

영적 죽음은 하나였던 하나님과 사람의 관계가 분리된 상태입니다. 하나님과 원수 된 상태입니다.

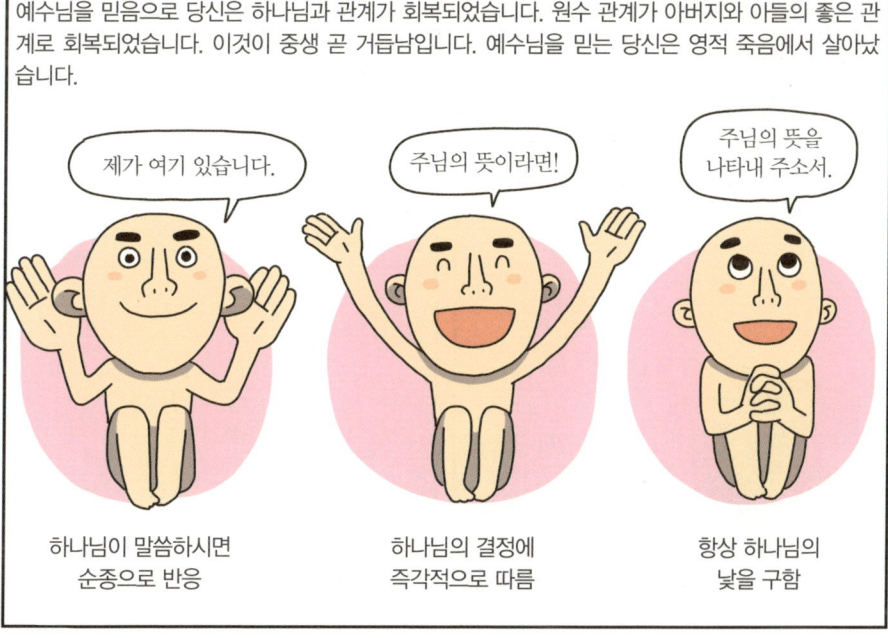

예수님을 믿음으로 당신은 하나님과 관계가 회복되었습니다. 원수 관계가 아버지와 아들의 좋은 관계로 회복되었습니다. 이것이 중생 곧 거듭남입니다. 예수님을 믿는 당신은 영적 죽음에서 살아났습니다.

이미 태어나 살아 있는 우리가 또다시 태어나 살아야 한다고 하니 이것이 이해가 안 되는 것입니다.

우리는 이미 앞에서 죽음이 세 가지임을 살펴보았습니다.

죽음의 정의가 소멸이 아니라 분리라는 것도 같이 나눴습니다.

영혼과 육체가 붙어 있으면, 연합되어 있으면, 하나이면 살아 있는 것입니다.

영적 죽음은 하나님과 사람의 분리입니다. 원래 하나님과 사람은 하나였습니다. 그러나 죄로 말미암아 분리되었습니다. 하나님과 사람은 원수가 되었습니다. 이것이 영적 죽음입니다.

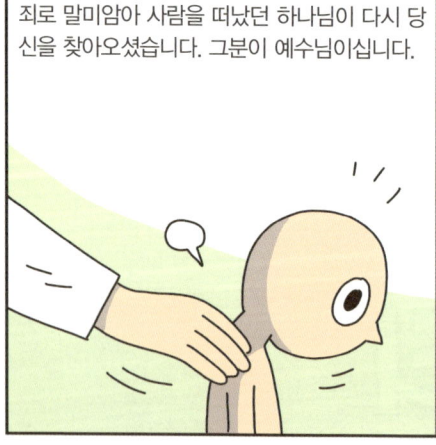
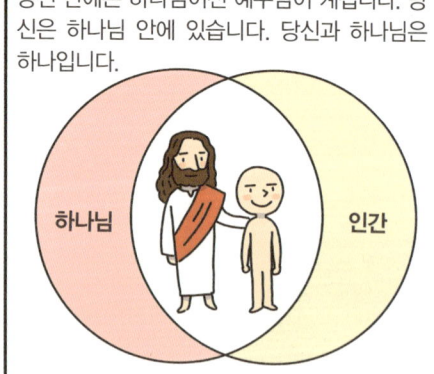

예수님을 믿는 당신은 새사람입니다

성경에 나오는 새사람을 한 명 소개합니다. 그는 요셉입니다.

요셉은 어릴 적에 형들의 미움을 받아 애굽에 종으로 팔려 갔습니다.

족장인 아버지의 사랑을 독차지하던 그의 인생이 갑자기 나락으로 떨어졌죠.

타국에서 남의 집 종이 된 그는 평생 형들을 원망하며 한 맺힌 인생을 살 수도 있었습니다.

하지만 놀랍게도 요셉은 그런 상황에서도 정직하고 온유하고 성실했습니다. 순결했습니다. 용서했습니다.

하나님은 그를 애굽의 총리가 되게 하셨습니다. 이스라엘과 애굽을 기근으로부터 구원하는 새 일을 맡기셨습니다.

요셉의 생애를 자세히 살펴보면 하나님이 그와 함께하셨다는 말이 그림자처럼 그를 따라다닙니다.

요셉은 하나님과 분리된 상태가 아니라 하나였습니다. 이 상태가 새사람입니다.

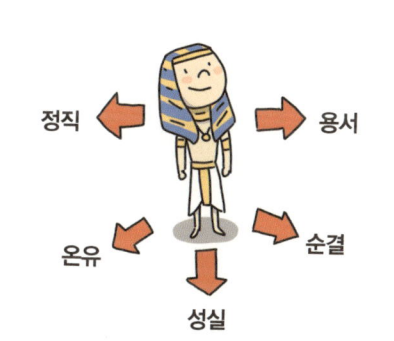

이 새사람의 삶이 정직, 온유, 성실, 순결, 용서로 나타난 것입니다.

예수님을 믿는 당신을 향한 예수님의 약속이 있습니다.

내가 세상 끝 날까지 너와 항상 함께 있겠다.

하나님이 함께하시는 당신은 새사람입니다.
주님은 새사람인 당신을 통해 새 일을 이루실 것입니다.

예수님을 믿는 당신은 부활하고 영생합니다

예수님을 믿는 당신은 기도할 수 있는 특권이 있습니다

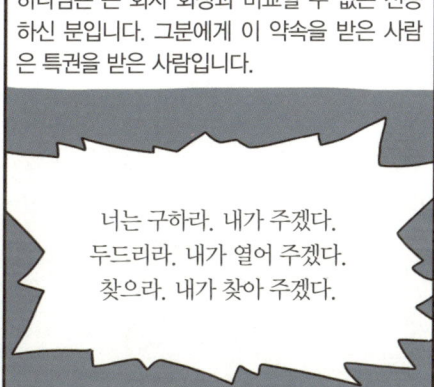

예수님을 믿는 당신은 저주가 끊어지고 복이 흐릅니다

죄에는 형벌이 있습니다. 저주가 있습니다.

아버지가 지은 죄의 저주가 대를 타고 아들에게 흐릅니다.

그러나 당신은 걱정하지 마십시오. 당신의 조상들이 아무리 악한 죄를 지었다 할지라도 그 저주는 당신에게 임하지 않습니다.

당신이 예수님을 믿는 순간 저주의 표적인 죄가 사라져서 당신을 향하던 저주가 끊어졌습니다.

당신은 저주와 상관없는 사람입니다. 저주만 끊어진 것이 아닙니다. 당신을 향해 하나님의 복이 흐릅니다.

당신은 복을 받았습니다. 당신은 복을 받고 있습니다. 당신은 복을 받을 것입니다.

5. 이것이 예수님을 믿는 당신의 인생입니다

THE HAPPY LIFE
IN JESUS

6

예수님이 승천하셨습니다

사망을 이기시고 다시 사신 예수님은 40일 후에 승천하셨습니다. 하늘로 올라가신 예수님은 지금 하나님 우편에 계십니다. 예수님은 오늘도 하나님 우편에서 이 세상을 다스리고 계십니다.

예수님이 하늘로 올라가시면서 우리에게 주고 가신 것이 있습니다. 그것은 예수님의 말씀입니다. 지금은 예수님이신 말씀이 우리와 함께 계십니다. 그것이 성경입니다.

신약성경은 오신 예수를 증거하고, 다시 오실 예수를 예언하고 있습니다.

성경은 하나님의 감동을 받은 40여 명의 사람들에 의해 기록되었습니다.

사람에 의해 기록되었지만 성경이 하나님의 말씀인 것은 하나님이 성경 기자들에게 하나님의 감동을 부어 주셨기 때문입니다.

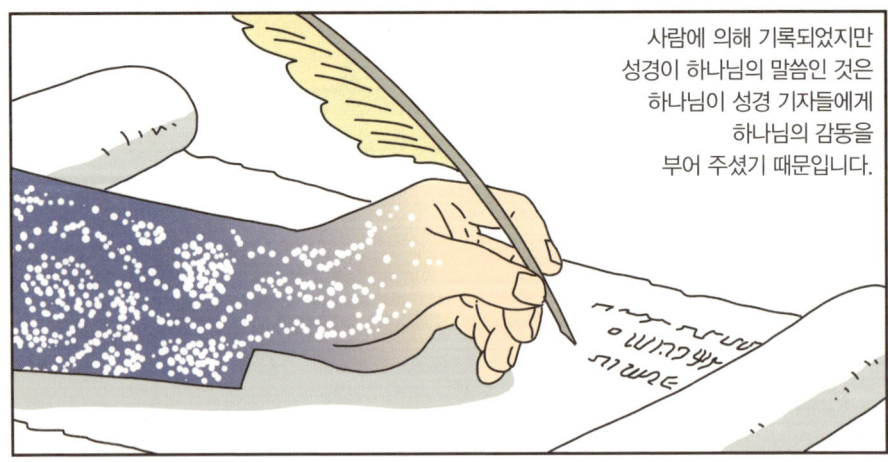

성경에는 구원의 길이 있습니다

성경은 예수님을 믿는 것이 구원에 이르는 길이라고 알려 줍니다.

내가 알려 줄게.

구원은 예수님을 믿고 이 세상에서 사는 동안 받는 구원과 이 세상을 떠나서 받는 구원으로 나눌 수 있습니다.

세상

죽은 다음

이 세상에서 받아야 할 구원은 삶 속에서 천국을 미리 사는 것입니다.
죽은 다음에 받아야 할 구원은 천국에서 영생을 누리는 것입니다.

성경에는 이 두 가지 구원에 이르는 길이 다 나와 있습니다.

성경은 인생 내비게이션입니다

장례식을 집례하다 보면 가끔 가족들이 관 속에 평소 고인이 사용하던 성경책을 넣겠다는 경우가 있습니다.

성경책을 들고 천국에 가게 하고 싶은 마음에서 그렇게 하지 않나 싶습니다.

그러나 어떤 의미에서 천국에서는 성경책이 필요 없습니다.

천국에는 미워할 원수가 없습니다.

이곳에는 미움 자체가 없습니다.

"원수를 사랑하라"는 말씀이 더는 필요가 없죠.

성경은 이 세상에서 필요합니다. 성경에는 천국 가는 길과 천국을 경험하는 길이 자세히 나와 있습니다.

예를 들어, 가정에 주신 하나님의 말씀을 한번 볼까요?

"아내들이여 자기 남편에게 복종하기를 주께 하듯 하라…
남편들아 아내 사랑하기를 그리스도께서 교회를 사랑하시고
그 교회를 위하여 자신을 주심같이 하라."

"자녀들아 주 안에서 너희 부모에게 순종하라… 네 아버지와 어머니를 공경하라…
아비들아 너희 자녀를 노엽게 하지 말고 오직 주의 교훈과 훈계로 양육하라."

이 말씀대로 하면 가정에서 천국을 경험합니다. 행복합니다.

이 세상에서 사는 동안에는 하나님의 말씀에 순종하는 여부에 따라 천국을 경험할 수도 있고, 지옥을 경험할 수도 있습니다.

6. 예수님이 승천하셨습니다

THE HAPPY LIFE
IN JESUS

7

예수님이 성령을 보내 주셨습니다

예수님은 이 세상을 떠나 하늘로 올라가시면서 우리에게 성령을 약속하셨습니다. "내가 아버지께 구하겠으니 그가 또 다른 보혜사를 너희에게 주사 영원토록 너희와 함께 있게 하리니 그는 진리의 영이라."

예수님이 승천하신 후에 예수님이 약속하신 성령이 강림하셨습니다. 성령은 하나님의 영입니다. 성령은 하나님입니다.
성령은 예수님이 보내 주신 귀한 선물입니다.

예수님을 믿는 것이 나의 선택과 결정인 것 같지만, 실상은 성령의 역사입니다. 누구든지 성령이 아니고는 예수님을 주라고 할 수 없습니다.

복음을 들을 때 예수님을 믿게 하는 것이 성령의 역사입니다.

우리가 예수님을 주라 시인한다면 이미 우리는 성령을 받은 사람입니다.

예수님은 나의 주님이세요.

오, 나의 주 예수님!

성령의 역사가 우리 안에서 이미 일어났고, 지금도 계속 일어나고 있습니다.

성령이 성경을 깨달을 수 있도록 도와주십니다

성령을 다른 말로 보혜사라고 합니다.
보혜사를 영어로는 헬퍼(Helper)라고 합니다.
성령은 예수님을 믿는 사람들을 돕는 분이십니다.

성경은 열린 비밀입니다. 글을 아는 사람은 누구나 성경을 읽을 수 있지만 모두가 그 안에 기록된 비밀을 깨닫는 것은 아닙니다.

성령은 성경에 기록된 하나님의 비밀을 깨닫도록 도와주십니다.

예수님이 승천하시기 전에 이렇게 말씀하셨습니다. "보혜사 곧 아버지께서 내 이름으로 보내실 성령 그가 너희에게 모든 것을 가르치고 내가 너희에게 말한 모든 것을 생각나게 하리라."

어둠 가운데 있을 때는 안 보입니다. 그러나 조명을 비추면 보입니다. 우리는 성령의 조명을 받아야 합니다. 일상생활에서도, 성경을 읽을 때도 성령의 조명을 받아야 합니다.

성령이 성경대로 살도록 도와주십니다

성경대로 살아야 이 땅에서 천국을 경험하며 삽니다. 성경대로 해야 행복합니다. 예수님을 믿는 사람들은 다 성경대로 하고 싶습니다. 그러나 이것이 마음대로 되지 않습니다.

마음으로는 하나님의 법을 따르려고 하지만 육신으로는 죄의 법을 섬기는 것 때문에 고민하고 안타까워합니다.

이런 우리를 성령이 성경대로 살도록 도와주십니다.

예수님을 믿은 후에도 우리는 '내가 왜 이럴까?' 하며 자신에게 실망하고,

'어떻게 사람이 저럴 수 있지?' 하며 다른 사람에 대해 낙심하기도 합니다. 이렇게 되면 힘이 빠집니다.

성경은 우리 인간이 어떠한지, 예수님을 믿는 우리가 어떤 상태인지를 너무나 사실적으로 묘사하고 있습니다.

"내 속 곧 내 육신에 선한 것이 거하지 아니하는 줄을 아노니 원함은 내게 있으나 선을 행하는 것은 없노라."

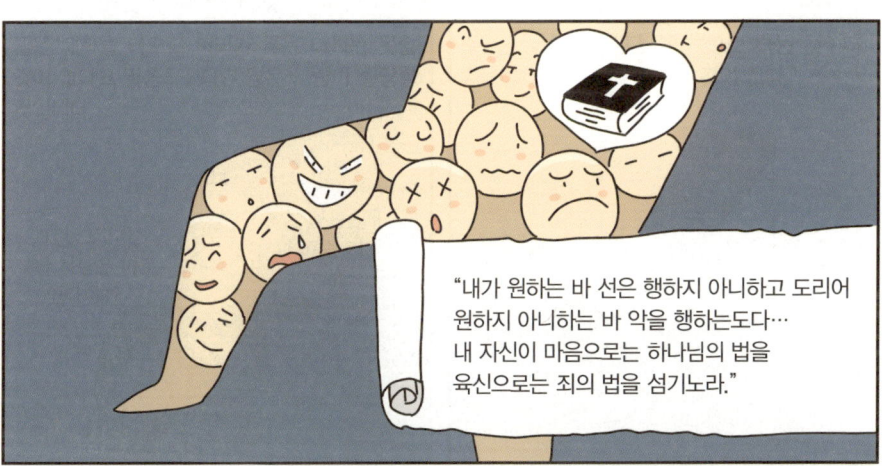

"내가 원하는 바 선은 행하지 아니하고 도리어 원하지 아니하는 바 악을 행하는도다… 내 자신이 마음으로는 하나님의 법을 육신으로는 죄의 법을 섬기노라."

이 말씀을 한마디로 하면 사람은 이중적이라는 것입니다.
이것은 예수님을 안 믿는 사람의 고백이 아니라
예수님을 믿는 사람의 고백입니다.
바울이라는 사도의 고백입니다.

7. 예수님이 성령을 보내 주셨습니다

우리는 이중적입니다. 그래서 예수님은 우리에게 성령을 보내 주셨습니다. 그 성령이 우리 안에 임해 우리를 도와주십니다. 마음으로는 하나님의 법을, 육신으로는 죄의 법을 섬길 수밖에 없는 우리를 도와주십니다.

성령이 착하게 살도록 도와주십니다

죄로 말미암아 타락한 후에 사람 안에 죄성이 깊이 뿌리박혀 있습니다. 만물보다 거짓되고 심히 부패한 것이 사람의 마음입니다.

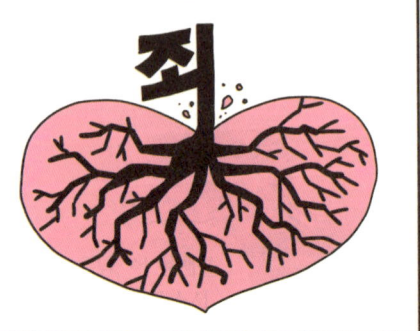

예수님을 믿어 죄 사함은 받았지만 여전히 죄의 유혹 아래 있습니다. 예수님을 믿어도 자신의 힘으로는 죄를 이길 수 없습니다.

성령의 도우심을 받아야 합니다.

성령은 죄를 짓지 않도록 도와주십니다. 죄를 이길 수 있게 하십니다.

우리는 착하게 사는 것으로 구원받을 수 없음을 압니다. 우리는 예수님을 믿음으로 이미 구원받았습니다.

그런데 구원받고 나니 착하게 살고 싶다는 소원이 생겼습니다. 그러기 위해서는 성경대로 해야 합니다. 성경대로 하는 것이 선(善)입니다.

그것이 우리 뜻대로 안 되기 때문에 우리는 안타까워하고 있습니다. 성령은 이런 우리를 도와주십니다.

성령의 열매는 사랑과 희락과 화평과 오래 참음과 자비와 양선과 충성과 온유와 절제입니다. 성령을 받으면 성령의 열매가 성령 받은 사람의 인격으로, 성품으로 나타납니다.

7. 예수님이 성령을 보내 주셨습니다

성령이 눈을 열어 주십니다

사람은 눈이 둘입니다. 하나는 이 세상 사물을 보는 육신의 눈입니다. 또 하나는 마음의 눈입니다.

대부분은 육신의 눈과 마음의 눈으로 함께 봐야 제대로 보입니다.

자연을 볼 때도 눈으로만 보면 그저 자연입니다. 그러나 마음의 눈으로 함께 보면 하나님이 보입니다.

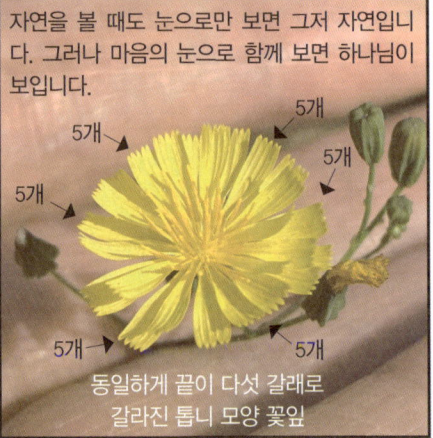

동일하게 끝이 다섯 갈래로 갈라진 톱니 모양 꽃잎

성경도 눈으로 보면 글자들의 나열입니다. 이스라엘의 역사입니다. 그러나 마음의 눈으로 함께 보면 구원의 길이 보입니다.

지금 내 삶의 현장에서 하나님이 나와 함께하고 계신다는 것을 믿는 사람은 그분의 숨결이 느껴지고 그분이 선한 손으로 나를 붙잡고 계신 것을 봅니다. 이 세상을 창조하신 하나님이 지금도 이 세상을 다스리고 계신 것을 선명하게 봅니다.

하나님이 사람을 처음 창조하실 때는 사람의 두 눈이 전부 열려 있었습니다. 그러나 사람이 죄를 지음으로 마음의 눈이 어두워졌습니다.

마음으로만 볼 수 있는 온갖 좋은 것들을 보지 못하게 되었습니다. 마음의 눈이 먼 사람은 비참합니다. 불행합니다. 원망하고 불평합니다.

모든 게 짜증 나!

예수님이 성령을 주셨습니다. 성령은 우리 마음의 눈을 활짝 열어 주십니다. 항상 기뻐하고 범사에 감사하며 살 수 있도록 마음의 눈을 열어 보여 주십니다.

이 진리를 깨달은 사도 바울은 하나님이 성도들에게 지혜와 계시의 영을 주시기를 기도했습니다.

지혜의 영, 계시의 영, 이는 곧 성령을 일컫는 말입니다.

이 성령이 임하면 하나님을 알게 됩니다. 전에는 보지 못하던 것을 봅니다.

마음의 눈이 열리니 이전에는 불평하고 원망하던 것들이 감사로 바뀝니다. 고난 중에도 즐거워합니다.

7. 예수님이 성령을 보내 주셨습니다

예수님을 믿고 나서 행복이 이렇게 가까이 있는 것을 예전에는 미처 몰랐다고 고백하는 분이 많습니다.

예수님을 믿기 전에는, 지혜와 계시의 성령을 받기 전에는 행복이 곁에 있어도 보이지 않았습니다.

성령이 임하면 가족이, 가정이 얼마나 소중하게 보이는지 모릅니다. 가정 안에 있는 행복이 보입니다. 더는 행복을 찾아 방황하지 않아도 됩니다.

일상의 행복, 지혜와 계시의 영을 받은 사람에게는 일상 속 행복이 보입니다.

성령이 우리의 본성을 덮어 주십니다

우리의 본성은 죄로 오염되어 있습니다.

성경은 우리의 본성에 대해 이렇게 말합니다.

"속에서 곧 사람의 마음에서 나오는 것은 악한 생각 곧 음란과 도둑질과 살인과 간음과 탐욕과 악독과 속임과 음탕과 질투와 비방과 교만과 우매함이니 이 모든 악한 것이 다 속에서 나와서 사람을 더럽게 하느니라."

성경은 본성을 따라 사는 사람의 삶의 모습이 어떠한지도 가르쳐 줍니다.

"육체의 일은 분명하니 곧 음행과 더러운 것과 호색과 우상 숭배와 주술과 원수 맺는 것과 분쟁과 시기와 분냄과 당 짓는 것과 분열함과 이단과 투기와 술 취함과 방탕함과 또 그와 같은 것들이라."

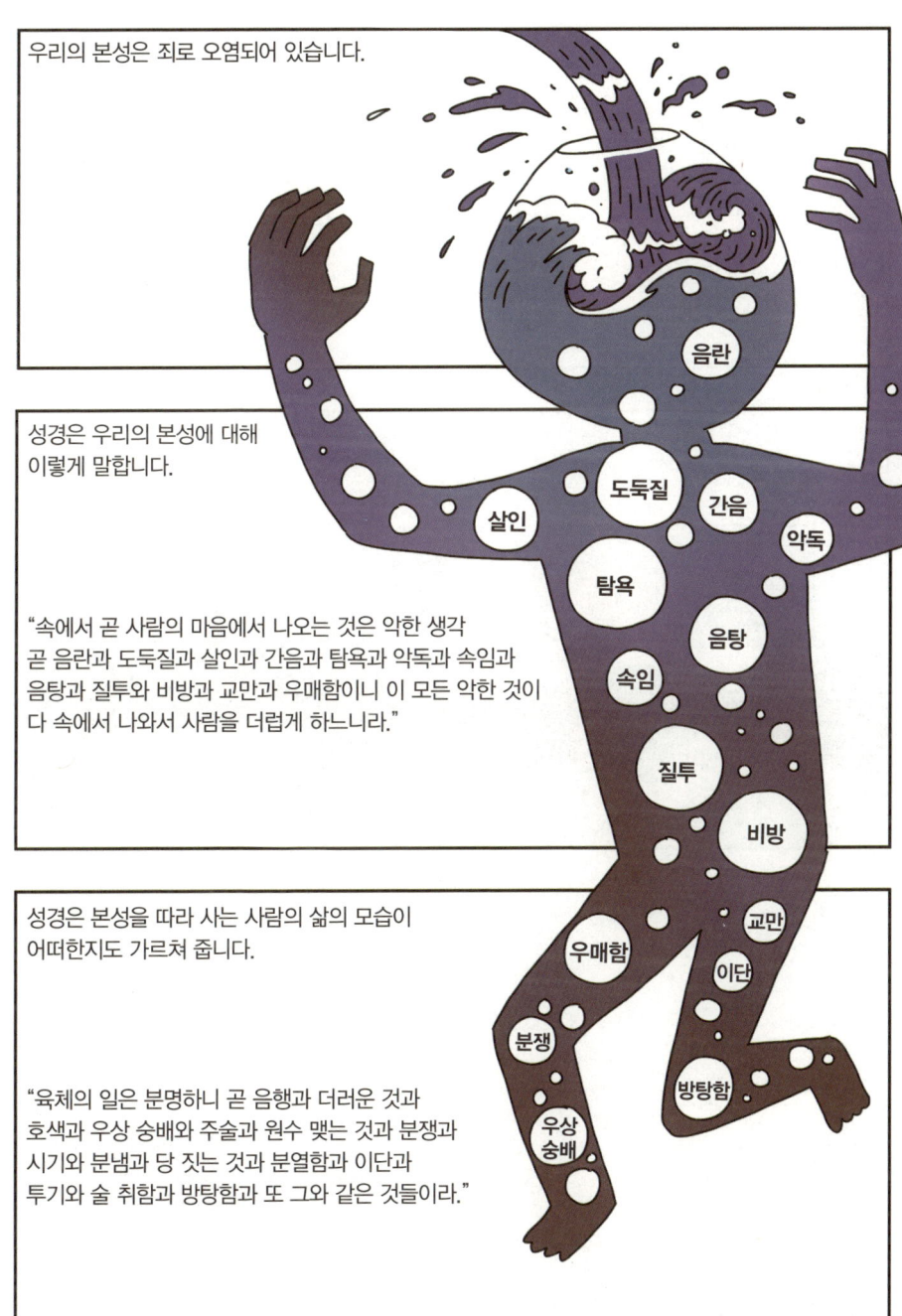

7. 예수님이 성령을 보내 주셨습니다

성령은 이런 우리의 본성을 덮어 주십니다. 그러면 우리의 본성은 힘을 쓰지 못합니다. 맥을 못 춥니다.

우리의 본성은 죄를 향해 자동으로 돌아갑니다.

이런 인류에게 하나님이 교육이란 선물을 주셨습니다.

세상의 모든 교육의 목적은 기본적으로 죄 지향적인 사람의 본성을 의 지향적으로 돌리는 데 있습니다.

이것은 하나님이 세상 모든 사람에게 비와 공기를 주시는 것과 같은 은혜입니다.

교육만으로는 죄 지향적인 사람의 본성이 의 지향적으로 바뀌지 않습니다. 그래서 하나님이 예수님을 보내 주셨고, 성령님을 보내 주셨습니다.

예수님을 믿는 사람들도 가끔 비판적으로 됩니다. 그럴 때 성령 충만도를 점검해 보면 성령이 많이 소멸한 상태인 것을 확인할 수 있을 것입니다.

성경을 보면 "성령을 소멸하지 말라"는 말씀과 "성령의 충만함을 받으라"는 말씀이 있습니다.

예수님을 믿으면 우리의 본성이 변하는 것으로 생각합니다. 그러나 어느 날 보면 예전에 예수님을 믿지 않을 때와 같은 자신을 발견하고 많이 놀랍니다.

걱정하지 마세요. 예수님을 믿는 것 맞습니다. 예수님을 믿고 이 세상을 사는 동안 우리의 본성은 우리 안에 여전히 있습니다. 그 본성이 없어지는 것이 아닙니다. 성령에 가려 있는 것입니다.

예수님을 믿지 않는 사람들과 다를 바 없이 화를 내고 다투는 경우가 있습니다. 그럴 때 우리는 실망합니다.

실망할 일이 아닙니다. 원래 이것이 우리의 삶의 모양일지도 모릅니다.

7. 예수님이 성령을 보내 주셨습니다   177

그런데 하나님이 우리의 본성을 성령으로 덮어 주심으로 말미암아 그것이 잠깐만 나타났다는 것입니다. 이것은 하나님의 은혜입니다.

성령의 충만함을 받아 오래 살다 보니 가끔은 그것이 내 본성인 줄 착각할 때도 있습니다.

그러다가 어느 순간 그것이 내 본성이 아님을 확인하는 일이 생깁니다.

평소 나타나던 관용과 온유함은 내 본성을 누르고 있는 성령의 성품임을 다시 한번 확인하게 됩니다.

이러다 보면 자신에 대해서도, 다른 사람에 대해서도 실망하는 일이 많이 줄게 됩니다.

성령이 선물을 주십니다

성령의 은사 중에 큰 은사는 사랑입니다. 성경은 사랑을 이렇게 정의합니다.

사랑은 오래 참고
사랑은 온유하며
시기하지 아니하며
사랑은 자랑하지 아니하며
교만하지 아니하며
무례히 행하지 아니하며
자기의 유익을 구하지 아니하며
성내지 아니하며
악한 것을 생각하지 아니하며
불의를 기뻐하지 아니하며
진리와 함께 기뻐하고
모든 것을 참으며
모든 것을 믿으며
모든 것을 바라며
모든 것을 견디느니라

이 사랑은 사람의 힘으로 할 수 있는 것이 아닙니다. 사람 안에는 사랑이 없습니다.

사랑은 받아서 하는 것입니다. 사랑이신 하나님을 받아야 사랑할 수 있습니다. 하나님이신 성령의 도우심을 받아야 사랑할 수 있습니다.

미련한 자와 동행하면 미련해지고, 지혜로운 자와 동행하면 지혜를 얻습니다.

좋은 분 성령과 동행하면 우리의 몸과 마음, 우리의 삶, 우리의 생업, 우리의 인간관계가 좋게 됩니다.

우리의 생각과 의지를 덮고도 남을 만큼 충만히 성령을 받아야 합니다.

하나님이 이끄시는 대로 살기 원한다면 성령을 구하세요. 하나님은 구하는 자에게 성령을 주십니다.

옷을 갈아입을 때는
입던 옷을 벗어야 한다.

"너희는 유혹의 욕심을 따라 썩어져 가는
구습을 따르는 옛 사람을
벗어 버리고"(에베소서 4:22).

THE HAPPY LIFE
IN JESUS

8

예수님이 교회를 세워 주셨습니다

교회는 예수님이 세우셨습니다

예수님이 승천하신 후에 제자들을 비롯한 120명이 마가 요한의 집에 모여 성령을 기다렸습니다.
열흘 후에 그곳에 성령이 임했습니다.
그곳이 초대교회가 되었습니다.

그 후 계속해서 교회가 세워졌습니다. 지금은 전 세계 곳곳에 교회가 세워졌습니다.
예수님이 피로 값 주고 사신 교회들입니다.
예수님을 믿는 당신을 위해 세워 주신 교회들입니다.

교회는 예수님의 몸입니다

교회는 예수님을 믿는 사람들의 공동체입니다.
하나님이 세상에서 불러 모은 사람들의 공동체가 교회입니다.
교회는 예수님의 몸입니다.

교회의 머리는
예수님이십니다.
즉, 교회의 결정권자는
예수님이십니다.

몸에는 여러 지체가 있습니다.
간이 있고, 위가 있고, 눈이 있고,
손이 있고, 발이 있습니다.
교회 안에는 몸에 다양한 지체가
있는 것처럼 다양한 사람,
다양한 사역이 있습니다.

지체는 많으나 다 한 몸인 것처럼
교회는 다양한 사람이 모이지만 다 하나입니다.
하나님은 교회 공동체가 서로를 존중하고 서로를 인정하며
다투지 않고 사이좋게 지내기를 원하십니다.

8. 예수님이 교회를 세워 주셨습니다

교회는 예배합니다

예수님이 세상을 떠나 하늘로 올라가시면서 제자들에게 마지막으로 하신 부탁이 있습니다.

너희는 가서 모든 민족을 제자로 삼아 아버지와 아들과 성령의 이름으로 세례를 베풀고 내가 너희에게 분부한 모든 것을 가르쳐 지키게 하라.

예수님이 교회에 주신 사명은 예배, 전도, 구제, 교육, 교제입니다.

세상을 향해서는 빛과 소금이 되는 것입니다. 교회는 어느 하나도 소홀히 하지 않고 이것들을 균형 있게 해야 합니다.

교회는 모여 하나님을 예배합니다. 신령과 진정으로 예배합니다. 교회는 정기적으로 예배를 드립니다. 주일예배를 드리고, 수요예배도 드립니다. 그 외에도 교회마다 예배가 있습니다.

교회는 성례를 거행합니다. 성례란 거룩한 예식이란 의미입니다. 성례는 세례식과 성찬식이 있습니다.

예수님을 믿는 것을 여러 사람 앞에서 공개적으로 고백하고 그 증표로 받는 것이 세례입니다.

"성부와 성자와 성령의 이름으로 세례를 주노라."

성찬식은 떡과 잔을 함께 나누며 우리를 위해 십자가를 지신 예수님의 살과 피를 기념하는 것입니다.

언젠가 '내가 하나님의 아들이 되었다는 것은 곧 하나님의 상속자가 되었다'는 사실을 묵상하며 성경을 읽다가, '아, 이거구나!' 하고 무릎을 친 적이 있습니다.

그때 읽은 말씀이 이것입니다. "아버지께서는 자기에게 이렇게 예배하는 자들을 찾으시느니라." "아버지"란 단어와 "찾으신다"는 단어에 주목했습니다.

"무엇을 하시려고 찾으실까?"

아하! 하나님 아버지께서 상속해 주시려고 예배자를 찾고 계시는구나.

8. 예수님이 교회를 세워 주셨습니다

예배하는 시간이 곧 하나님 아버지로부터 상속받는 시간임을 깨달았습니다.
천국을 상속받는 시간이 예배 시간입니다.
하늘에 속한 모든 신령한 복을 받는 시간이 예배 시간입니다.

하나님이 찾으시는 예배자가 된다면 우리는
이 땅에서 하나님의 모든 것을
상속받아 살 수 있습니다.

예배드리러 갑시다.
천국을 상속받으러 갑시다.
심령으로 낙을 누리는 인생이
당신을 기다리고 있습니다.

교회는 전도합니다

당신이 누군가의 전도를 받고 구원을 받게 된 것처럼 이 세상에는 구원받아야 할 사람이 많습니다.

우리가 예수님 안에서 누리고 있는 자유와 평안을 다른 사람들도 누리게 해 주어야 하지 않을까요?

예수님은 구원받은 우리에게 이렇게 부탁하셨습니다.

너희는 온 천하에 다니며 만민에게 복음을 전파해라.

우리는 때를 얻든지 못 얻든지 항상 전도에 힘써야 합니다.

전도는 예수님을 전하는 것입니다. 전도는 씨를 뿌리는 것입니다.

자라게 하고 열매 맺게 하는 분은 하나님이십니다.

8. 예수님이 교회를 세워 주셨습니다

전도해야 하는 또 다른 이유는 하나님이 사람을 구원하는 방법으로 정하신 것이 전도이기 때문입니다.

예수님도 전도하셨습니다.

바울도 전도했습니다.

목사도 전도합니다. 당신도 전도합니다. 교회는 전도합니다.

우리는 오늘도 부지런히 전도합니다.

교회는 구제합니다

교회는 구제합니다. 교회가 처음 세워질 때부터 교회는 구제했습니다.

초대교회가 일곱 사람을 따로 세우게 된 계기도 구제를 하기 위함이었습니다.

"성령과 지혜가 충만한 일곱 일꾼입니다."

강도 만난 사람을 도와준 사마리아 사람의 예를 들어 설명하면서 예수님은 우리도 이와 같이 하라고 하셨습니다.

"가서 너도 이와 같이 해라."

"이대로 두었다가는 죽겠어."

그래서 교회는 오늘도 가난하고 어려운 사람들을 돕고 있습니다. 교회마다 다양한 방법으로 구제하고 있습니다.

구제는 선택이 아니라 필수입니다. 성경은 약속하고 있습니다.

"주라 그리하면 너희에게 줄 것이니 곧 후히 되어 누르고 흔들어 넘치도록 하여 너희에게 안겨 주리라."

교회는 교제합니다

사람은 사람으로 더불어 교제하며 살아야 합니다. 사람은 함께 살도록 지음 받았습니다. 혼자 있으면 외롭고 힘듭니다.

독방이 감옥 안에서도 형벌인 것도 바로 이런 이유 때문입니다.

성도의 교제를 위한 장이 교회입니다. 교회에서 사람들과 교제하려면 교회에 등록하여 공동체의 일원이 되어야 합니다. 소그룹 모임에 참여해야 합니다.

남성도회, 여성도회, 순모임, 구역, 목장, 속, 셀 등 교회마다 다양한 이름으로 불리는 소그룹에 참석하면 사람들과 깊이 있는 교제를 나눌 수 있습니다.

때로 사람들과 교제하다 보면 힘들 때도 있고, 실망할 때도 있고, 어려워질 때도 있습니다. 그래도 교제해야 합니다.

우리는 부족하고 연약하고 허물이 있는 사람들입니다. 서로의 허물은 덮어 주고, 연약한 점은 서로 도와주고, 부족한 것은 서로 채워 주는 교제가 필요한 사람입니다.

교회는 세상의 빛과 소금입니다

예수님은 "가르쳐 지키게 하라"고 하셨습니다.

이 말씀에 순종해 교회는 교육합니다. 주님의 말씀을 가르칩니다.

교회는 주일학교를 개설하고 어린이와 청소년들을 성경으로 가르칩니다. 어려서부터 말씀으로 양육합니다. 제자훈련을 합니다.

청년과 장년들을 위한 성경공부반도 개설합니다. 교회는 교육을 위해 돈을 지출합니다.

하나님은 교회에 목사와 교사를 세우셔서 부지런히 이 일을 섬기게 하셨습니다.

우리는 교회에서 배웠으면 세상으로 가서 실천해야 합니다. 우리의 사역지는 세상입니다.

8. 예수님이 교회를 세워 주셨습니다   195

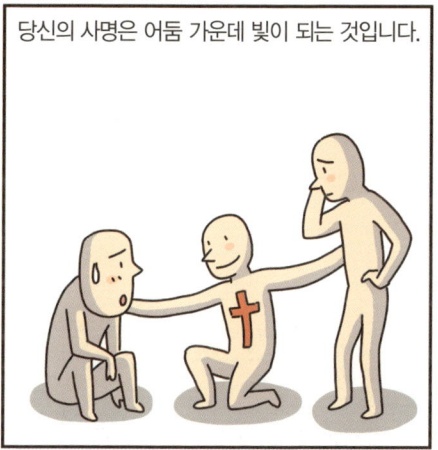

당신의 사명은 어둠 가운데 빛이 되는 것입니다.

자신을 태워 빛을 내는 초가 되는 것입니다.

썩는 곳에서 소금이 되어 녹는 것입니다. 자신을 녹여 더는 썩지 않도록 하는 것이 당신의 사명입니다.

맛없는 세상에 맛을 내는 것이 당신의 사명입니다.

예수님을 믿는 우리는 가야 합니다. 직장으로, 사업장으로 가야 합니다. 가서 빛과 소금이 되어야 합니다.

교회는 충전소입니다

세상을 살아가기 위해서는 힘이 필요합니다. 하나님이 인생 충전소를 세워 주셨습니다.
교회는 충전소입니다. 교회는 힘을 받는 곳입니다.

예배를 통해 힘을 받고, 서로 교제하며 힘을 받습니다.
가르치고 배우며 힘을 받습니다. 전도하며 힘을 받습니다.
구제하며 힘을 받습니다.

주유소에서 기름을 다 넣었으면 도로를 달려야 합니다.

교회에서 받은 힘을 세상에 나가 써야 합니다.

힘은 소진되는 특성이 있습니다. 세상에서 살다 보면 힘이 빠집니다.

그러면 또 힘을 충전해야 합니다. 그래야 또 세상에 나가 힘을 쓸 수 있기 때문입니다.

힘들고 어려울 때 우리를 따뜻하게 안아 주셨던 어머니의 그 품이 그리울 때가 있습니다.
교회는 그럴 때 마음 놓고 찾아가 안길 수 있는 곳입니다.

THE HAPPY LIFE IN JESUS

9

예수님은 다시 오십니다

예수님은 다시 오십니다

우리는 주님 앞에 서는 그날을 위해 오늘을 삽니다

사람들은 종말이 얼마나 남았느냐 하는 것에 관심이 많습니다. 주기적으로 종말의 날짜를 이야기하며 세상을 어지럽게 하는 일들이 있습니다. 미혹되지 말아야 합니다.

종말은 예수님을 만나는 날입니다. 종말은 개인의 종말이 있고, 세상의 종말이 있습니다.

저 천국에서 이 땅으로 재림하신 예수님을 만나는 것이 세상의 종말이라면,

우리가 저 천국에 가서 예수님을 만나는 것이 개인의 종말입니다.

이런 의미에서 우리 중 대부분은 몇십 년 안에 종말을 맞습니다. 100년 안에 주님 앞에 서게 될 것입니다.

깎아서 없어지기보다
닳아서 없어지길 원한다.
- 조지 횟필드

"그리고 맡은 자들에게 구할 것은
충성이니라"(고린도전서 4:2).

사명선언문

너희가 흠이 없고 순전하여……세상에서 그들 가운데 빛들로
나타내며 생명의 말씀을 밝혀 _ 빌 2:15-16

1. 생명을 담겠습니다
만드는 책에 주님 주신 생명을 담겠습니다.
그 책으로 복음을 선포하겠습니다.

2. 말씀을 밝히겠습니다
생명의 근본은 말씀입니다.
말씀을 밝혀 성도와 교회의 성장을 돕겠습니다.

3. 빛이 되겠습니다
시대와 영혼의 어두움을 밝혀 주님 앞으로 이끄는
빛이 되는 책을 만들겠습니다.

4. 순전히 행하겠습니다
책을 만들고 전하는 일과 경영하는 일에 부끄러움이 없는
정직함으로 행하겠습니다.

5. 끝까지 전파하겠습니다
모든 사람에게, 땅 끝까지, 주님 오시는 그날까지
복음을 전하는 사명을 다하겠습니다.

서점 안내

광화문점 서울시 종로구 새문안로 69 구세군회관 1층
02)737-2288 / 02)737-4623(F)

강남점 서울시 서초구 신반포로 177 반포쇼핑타운 3동 2층
02)595-1211 / 02)595-3549(F)

구로점 서울시 동작구 시흥대로 602, 3층 302호
02)858-8744 / 02)838-0653(F)

노원점 서울시 노원구 동일로 1366 삼봉빌딩 지하 1층
02)938-7979 / 02)3391-6169(F)

일산점 경기도 고양시 일산서구 중앙로 1391 레이크타운 지하 1층
031)916-8787 / 031)916-8788(F)

의정부점 경기도 의정부시 청사로47번길 12 성산타워 3층
031)845-0600 / 031)852-6930(F)

인터넷서점 www.lifebook.co.kr